差がつく 練習法

水泳 実践的練習ドリル

監修 原 英晃 ヴィンチトーレ代表

SEIKO

INTRODUCTION

はじめに

　本書には、私が普段から指導している泳法ごとのテクニック、練習法などをふんだんに盛り込みました。水泳は“水中”という特殊な環境下で行うスポーツですから、ただ体力をつけたり筋力をつけたりするだけで速くなるわけではありません。水泳で高いパフォーマンスを発揮するためには、水中の技術がとても重要な役割を担っています。

　水泳に限らず、スポーツは動作力学的要因、コンディション的要因、心理的要因、環境的要因など、様々な要因が重なり合って、その結果が順位や記録として表れます。この主な要因に加えて、水泳は『流体力学的要因』が大きな割合を占めます。水という自分の身体以外の要素をどうやって利用するのか、どう対処するのかでパフォーマンスが左右されるので、とても奥が深いスポーツなのです。

　ですから、自分が考えている以上に、水の中の技術を磨くだけでも、今より速く泳ぐことは可能です。しかし、その速くなるための水中技術を習得するためには、その技術だけを練習すれば良いわけではないのが、水泳の面白いところです。

　たとえば、効率よく水を捉えるキャッチ動作を習得するためには、水中での姿勢を安定させなければならなかったり、その姿勢を作り、維持させるための筋力が必要であったりします。つまり、高い泳技術を習得するためには、ドリルワークなどの技術的な練習だけでなく、陸上での筋力・補強トレーニングが必要となります。そして、それらを日々の水中でのハードワークに組み合わせていくことで、高いパフォーマンスを発揮する準備が整ってくると言えるでしょう。

　本書では、水中技術だけではなく、その技術を効果的に習得するために必要なポイントや陸上での補強トレーニング、さらには年間を通した強化スケジュールの組み立て方など、多方面から水泳が速くなるためのアプローチ方法を紹介しています。あなたが水泳をもっと速くなる、そしてもっと楽しくなるためのひとつの指標として、この本を活用してもらえるとうれしい限りです。

株式会社ヴィンチトーレ
原　英晃

CONTENTS
目次

2 はじめに

第1章 水泳の基本

10 Menu 001 腹圧＋αで姿勢を作る
12 Menu 002 3つのポイントで呼吸を楽に行う
14 Menu 003 泳法ごとの呼吸動作のポイントを学ぶ
16 Menu 004 水を後ろに送り出すキック法
18 Menu 005 脚の内側で水を挟み込むようにキックする
20 Menu 006 水を効果的に捉えるストローク
22 Menu 007 キャッチからプッシュまでの基本
24 Column『意識』することの大切さ

第2章 クロール

26 Menu 008 水を効率よく捉えるキャッチを学ぶ
28 Menu 009 キャッチのためのドリル3種類
30 Menu 010 プループッシュ動作
32 Menu 011 プル～プッシュのためのドリル3種類
34 Menu 012 リカバリーキック
36 Menu 013 リカバリー＆キックドリル3種類
38 Menu 014 ローテーションをうまく使いこなす
40 Menu 015 コンビネーションドリル3種類
42 Column 基礎体力を上げるだけでなくスランプ脱出にも役立つクロール

第3章 バタフライ

44 Menu 016 バタフライを支えるキックを学ぶ
46 Menu 017 バタフライキックドリル2種類
48 Menu 018 クロールと同じ動作で水を捉える
50 Menu 019 キャッチドリル2種類
52 Menu 020 キャッチで捉えた水を一気に押し出す
54 Menu 021 プル・プッシュ&リカバリードリル3種類
56 Menu 022 キックとプルのタイミングを合わせよう
58 Menu 023 コンビネーションドリル3種類
60 Column 練習するテクニックの順番も泳ぎを習得する早さにつながる

第4章 背泳ぎ

62 Menu 024 プッシュで止まらないことがポイント
64 Menu 025 プッシュ&リカバリードリル3種類
66 Menu 026 小指入水から水を捉えるまでの動きを学ぶ
68 Menu 027 キャッチドリル2種類
70 Menu 028 ローテーションとキックの関係を確認しよう
72 Menu 029 キック&ローテーションドリル
74 Menu 030 姿勢を安定させる方法を覚えよう
76 Menu 031 コンビネーションドリル2種類
78 Column ストロークやキックの基本は背泳ぎもクロールと同じように考えよう

第5章 平泳ぎ

80 Menu 032 たくさん水を送り出せるキックの形を覚える
82 Menu 033 キックドリル3種類
84 Menu 034 一瞬で水を捉えるキャッチを覚えよう
86 Menu 035 キャッチドリル3種類
88 Menu 036 身体の前でさばくプルを身につけよう
90 Menu 037 プル&リカバリードリル2種類
92 Menu 038 平泳ぎはキックでタイミングをとろう
94 Menu 039 コンビネーションドリル2種類
96 Column まずは抵抗を減らすことを考えてからパワーのことを考えよう

第６章 壁際テクニック

98 Menu 040 飛び出すまでの脚の使い方
100 Menu 041 クラウチングスタートドリル３種類
102 Menu 042 力強く蹴り出す構えの基本を覚えよう
104 Menu 043 背泳ぎスタートドリル２種類
106 Menu 044 回転する瞬間で減速しない方法を覚える
108 Menu 045 減速せずに泳ぎにつなげよう
110 Menu 046 回転前に素早く身体を反転させよう
112 Menu 047 バサロキックを利用して浮き上がる
114 Menu 048 タッチした瞬間に身体をコンパクトにする
116 Menu 049 第１キックとキャッチで浮き上がる
118 Menu 050 キックの蹴り終わりに合わせて手をつく
120 Menu 051 ひとかきひと蹴りの基本を覚えよう
122 Menu 052 バケットターンでタイムを短縮する
124 Menu 053 ゴールタッチにも細心の注意を払おう
126 Menu 054 リレーでロスなく引き継ぐテクニック
128 Menu 055 引き継ぎの練習法と注意点
130 Column スタートやターンはタイムを縮める大きな可能性を秘めている

第７章 陸上トレーニング

132 はじめに
134 Menu 056 ダイナミックウォームアップ１
136 Menu 057 ダイナミックウォームアップ２
138 Menu 058 ダイナミックウォームアップ３
140 Menu 059 ダイナミックウォームアップ４
142 Menu 060 下半身トレーニング
144 Menu 061 下半身＆体幹トレーニング
146 Menu 062 体幹トレーニング１
148 Menu 063 体幹トレーニング２
150 Menu 064 体幹＆上半身トレーニング
152 Menu 065 上半身トレーニング
154 Menu 066 セルフストレッチ１
156 Menu 067 セルフストレッチ２
158 Menu 068 セルフストレッチ３
160 Menu 069 セルフストレッチ４
162 Menu 070 ウエートトレーニングの取り入れ方を学ぶ
164 Column ダイナミックウォームアップは一連の流れで行おう

第8章 トレーニングスケジュール

166 Menu 071 年間スケジュールの組み方を学ぶ
168 Menu 072 時期に合わせたトレーニングメニュー例
170 原英晃のお悩み相談室

172 おわりに

本書の使い方

本書では、写真や図、アイコンなどを用いて、一つひとつのメニューを具体的に、よりわかりやすく説明しています。写真や“やり方”を見るだけでもすぐに練習を始められますが、この練習はなぜ必要なのか？　どこに注意すればいいのかを理解して取り組むことで、より効果的なトレーニングにすることができます。普段の練習に取り入れて、上達に役立ててみてください。

▶ 身につく技能が一目瞭然

練習の難易度やかける時間、あるいはそこから得られる能力が一目でわかります。自分に適したメニューを見つけて練習に取り組んでみましょう。

▶ Level UP!

より高いレベルの能力を身につけるためのポイントや練習法です。

背泳ぎ

ねらい　安定した姿勢で泳ぐコンビネーションを学ぶ

難易度 ★★★

時間 30〜60分

» 得られる効果

ストローク

キック

呼吸

Menu 030 姿勢を安定させる方法を覚えよう

下半身を沈みにくくするために頭を沈める意識を持とう

プッシュと入水のタイミングでローテーションを入れること、キャッチで指先、ヒジ、肩で三角形の状態を作り、しっかりと水をとらえることを意識しておこう。

また、背泳ぎは下半身が沈みやすいため、姿勢を安定させることがコンビネーションでは必要不可欠。そのためには、頭を沈めることがポイント。

人間の身体の中で、もっとも重たい部位が、頭。この頭を水面から持ち上げてしまうと、首周辺の筋肉に負担がかかり、余計な体力が奪われてしまう。また、頭が上がれば、その分下半身は沈みやすくなるので、抵抗の小さな姿勢を維持するのが困難になってしまう。頭を沈めることで浮力を利用して姿勢を安定させることができるだろう。

74

Level UP!

耳まで水中に入れると水中で身体が安定する

耳まで水中に入れておくくらい、頭をしっかり沈めておくことが、背泳ぎの姿勢を安定させるポイント。顔に水がかかるかもしれないが、力強くプッシュができていれば、そのタイミングで自然と身体が浮き上がってくる。呼吸はこのタイミングで行うのがベストだ。

背中は仰向けでも腰圧を意識して真っすぐな姿勢を作る

背泳ぎでは身体を浮かそうとすると背中が反りやすくなる傾向がある。仰向けでも腹圧をしっかりと意識するようにしよう。ミゾオチの辺りに重りを乗せるようなイメージを持つと、背中が真っすぐになり、腹筋を使った力強いキックが打てるようになる。背中が反ってしまうと下半身が沈みやすくなるばかりか、ローテーションもしにくくなってしまうので注意しよう。

背泳ぎ

75

そのほかのアイコンの見方

ワンポイントアドバイス　掲載した練習法をより効果的に行うためのポイントの紹介です

Extra　練習にまつわるエピソードやどんな場面で行うのが効果的かを紹介します

Arrange　掲載した練習法の形を変えたやり方の紹介です

第 1 章

水泳の基本

クロール、背泳ぎ、平泳ぎ、バタフライという４種目ある水泳ですが、
それぞれ泳ぎ方が違っていても、実は共通する動作や筋肉の使い方、
水中テクニックは多く存在します。
まずは、４種目すべてに共通する水泳の基本を学び、
それぞれの泳ぎにつなげていきましょう。

ねらい

姿勢の基本
泳ぎに生きるストリームラインを学ぶ

Menu 001 腹圧＋αで姿勢を作る

体幹を締めて抵抗の少ない姿勢を作ろう

腹横筋や腹斜筋などを締め、体幹部分をへこませるようにして固めることを「腹圧を入れる」と言う。地面のように身体を支えてくれる場所がない水中では、自分の身体を安定させることで手足の力を効果的に使うことができるので、腹圧で体幹を締めて身体を安定させることは水中での姿勢作りの基本となる。

まずは腹式呼吸でお腹をふくらませるように息を吸い、肩、胸の位置を変えずにお腹をへこませながら息を最後まで吐ききる。そのお腹の状態をキープしておくのが、腹圧の入れ方の基本。呼吸は、胸式呼吸で行おう。

アゴは引き過ぎず、真っすぐ正面を見るような頭の位置をキープしておく。
腹圧を入れた状態での呼吸は、胸郭(胸骨)の柔軟性を使って胸式呼吸で行う。
腹圧を入れて、お腹周りにコルセットを巻いているような感じでしっかりと安定させる。
脚は内転筋を締めるようにすると、細い抵抗の少ない姿勢を作れるようになる。

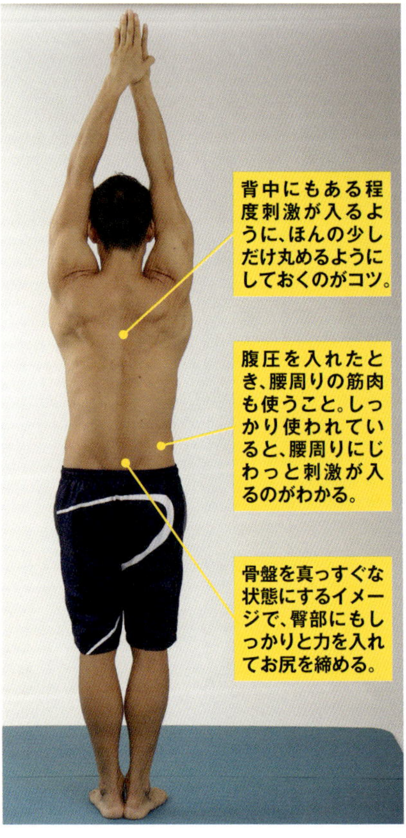

背中にもある程度刺激が入るように、ほんの少しだけ丸めるようにしておくのがコツ。
腹圧を入れたとき、腰周りの筋肉も使うこと。しっかり使われていると、腰周りにじわっと刺激が入るのがわかる。
骨盤を真っすぐな状態にするイメージで、臀部にもしっかりと力を入れてお尻を締める。

体幹だけではなく身体全体を使おう

姿勢の基本は体幹部分を占める腹圧にあるのだが、それだけでは泳ぎに生きる、本当の水中姿勢は作れない。胸周りや背中、腰、骨盤、臀部までが連動して使われて、はじめて水泳に生きる姿勢ができあがる。水泳でいう体幹は、胸からヒザ上くらいまでの意識を持つことがポイントだ。

キック動作やプル動作を力強く行うためには、体幹部分が安定しなければならない。それは腹部周りだけではなく、胸や背中、臀部も含めた“身体”が安定すること。つまり、肩から指先、股関節から足先まで以外の部分が高い安定感を発揮できるようにしよう。そのためには、まず腹圧を入れて腹部周りを固定して上げることがスタートで、そのあとに胸部や臀部、背中周りも刺激が入るように意識すると、泳ぎに生きる姿勢ができあがるのだ。

理想の水中姿勢は、ただ水の抵抗を減らすだけではなく、手足の技術を最大限泳ぎに生かすためのものだということを覚えておこう。

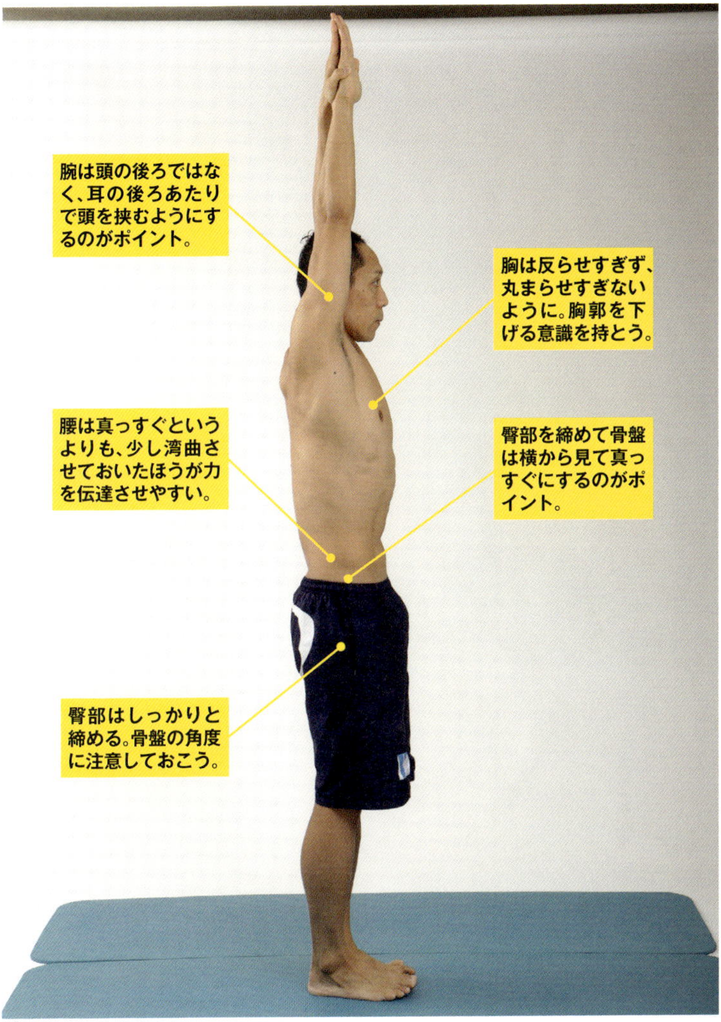
腕は頭の後ろではなく、耳の後ろあたりで頭を挟むようにするのがポイント。
胸は反らせすぎず、丸まらせすぎないように。胸郭を下げる意識を持とう。
腰は真っすぐというよりも、少し湾曲させておいたほうが力を伝達させやすい。
臀部を締めて骨盤は横から見て真っすぐにするのがポイント。
臀部はしっかりと締める。骨盤の角度に注意しておこう。

ねらい

呼吸の基本1 止める・吐く・吸うをコントロールする

Menu 002 3つのポイントで呼吸を楽に行う

止める・吐く・吸うでスムーズな呼吸動作ができる

水の中という特殊な環境で行う水泳だからこそ、大きなポイントになるのが呼吸。大切なのは、吸うことよりも吐くこと。ペットボトルに水が一杯の状態なのに、さらに水を入れようとしても溢れてしまう。人間の肺も同じこと。苦しくなると人は息を吸いたくなるのだが、まずは肺の空気をしっかりと吐かなければ吸うことはできない。

また、吸う動作は一瞬で終わらせること。水面から長く顔を上げていると身体が沈んで、大きな抵抗とムダな体力を使ってしまう。そして、息を止める時間を作ること。息を止めておくのは、肺の空気が浮き袋の役割を果たし、身体が浮きやすくなることや、力を出しやすくするためでもある。この止める・吐く・吸うの３つのポイントを抑えれば、泳ぎにつながる呼吸ができるようになる。

どの泳法でも、基本的には入水してからキャッチ動作までは息を止めておこう。力強くキャッチができるし、身体も浮いて安定した姿勢につながる

効率良く一瞬で息を吸うためにも、呼吸動作を行う直前に息をしっかり吐こう。吐く時間が長いと身体が沈みやすくなるので、できるだけ一気に吐いてしまうほうが良い

吸うときは一瞬で。顔を水面から上げる直前にしっかりと息を吐いておけば、口を開くだけで自然と息は吸える。吸う時間が長いと、体力の消耗も大きくなることを覚えておこう

Level UP!

ストロークテンポに合わせて呼吸のリズムを調節する

呼吸のリズムは、泳ぐスピードでコントロールしよう。ストロークのテンポが速ければ、止める・吐く・吸うのリズムも速くなる。特に息を吐く時間を短くしておくのがポイント。逆に泳ぎのテンポが遅い場合は、吐く・吸うリズムは変えずに、止める時間を少し長めにとることがコツだ。肺に空気を入れておく時間を長くすることで、身体を水中で安定させることができるようになる。

▲ストロークテンポが遅い場合は止めた後、ストローク速度に合わせて吐き出し、素早く吸う

▲ストロークテンポの速い場合は、特に吐く・吸う時間を短くすること

ワンポイントアドバイス

呼吸をしても腹圧は入れたままで泳ぐ

姿勢を作る腹圧は、呼吸動作のときに抜けてしまいやすい。呼吸動作自体よりも、体幹部分を安定させておくことを意識しておこう。そのためには、陸上で腹圧を入れたままで自然に呼吸できるように練習しておくと良い。また、クロールの場合は呼吸でローテーションによって身体を傾ける動作が入る。このローテーションで身体を傾け過ぎても、腹圧は抜けやすくなる。腹圧が入ったままで姿勢を安定させることができる、自分に合ったローテーションの角度を見つけ出すのも重要なポイントだ。

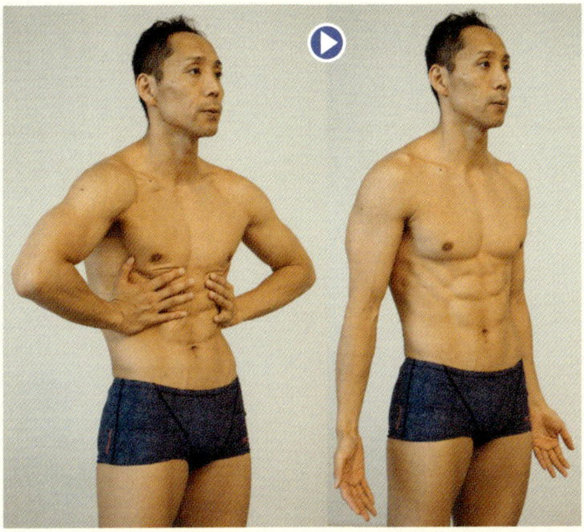

腹圧を入れた状態をキープして……

そのまま自然に呼吸ができるように、まずは陸上で練習しておこう

ねらい

呼吸の基本2
4泳法の止める・吐く・吸うポイント

Menu 003 泳法ごとの呼吸動作のポイントを学ぶ

[バタフライ]

入水したところから、キャッチまでは息を止めておく。プル、プッシュで息を吐き、顔を上げて息を吸ったら、リカバリー動作に合わせて顔を水中に戻す。

止める

吐く

吸う

[平泳ぎ]

平泳ぎは息を止めておく時間を長めにとるのがコツ。息を吐くのは、キャッチ後に水をかき込むプル動作のときに行い、吸う時間も短めに。

[背泳ぎ]

顔が常に水面から出ている背泳ぎでも、息を止める時間を作ろう。また、呼吸動作を左右どちらかの動作に合わせるようにすると、泳ぎのリズムを作りやすい。

止める

吐く

吸う

[クロール]

プルからプッシュにかけて、ローテーションが入るところで息を吐き、顔を上げたら一瞬で息を吸うこと。ローテーションが大きすぎると腹圧が抜けやすいので注意。

ねらい

キックの基本1 しなやかなキックの打ち方を学ぶ

Menu 004 水を後ろに送り出すキック法

ヒザから下はリラックスさせて蹴り始める

足首やヒザに力が入らなければ、足首は自然と後ろを向いてくれる

蹴り終わりに向かって、加速させるように力強く打つ

ヒザから下はリラックスさせて蹴り終わりに向かって加速するように打つ

蹴り上げ動作は自然に任せて行う

蹴り上げは意識しないキックでしなやかで効果的なキックになる

キックはヒザから下は意識せずに力を抜いた状態で、しっかり蹴り下ろすことを意識して行おう。ヒザや足首に力が入っていると、水を後ろに送り出す効果的なキック動作にならない。
注意したいのは、蹴り上げる動作をしない、ということ。蹴り終わりに向かって加速するような強い打ち方ができれば、その反動でポンッと脚は上に戻ってくるのだ。その動作を体現させるためには臀部の筋力をしっかり鍛えておく必要もある。ヒザを曲げて蹴り上げる意識はＮＧなので注意。とにかく、ヒザ下をリラックスさせ、蹴り下ろしに向かって強くする（動作を加速させる）ことに集中しよう。

最後の最後まで、しっかりと蹴り下ろすことが大事

力強く蹴り下ろせていれば、その反動で自然と脚が水面近くに戻ってくる

蹴り上げる、という意識をしないことがキックの大事なポイントだ

バタフライキックも同様に蹴り下ろしをしっかり行おう

ワンポイントアドバイス

背泳ぎも基本は同じ。ヒザ下をリラックスして打つ

上下が逆になる背泳ぎの場合も、単に動作が反対になるだけで基本は同じ。ヒザ下をリラックスさせることで、脚は水を後ろに送り出すような形になるので、しっかりと蹴り上げること（クロールの蹴り下ろしと同じ動作）だけを意識しよう。

ねらい

キックの基本2 平泳ぎのキックの基礎を学ぶ

Menu 005 脚の内側で水を挟み込むようにキックする

左右の脚は開かないようにして、脚を引きつけ始める

カカトをお尻に向かって、直線的に持ってくるように意識しよう

お尻にカカトを乗せるように、股関節は曲げない意識で足を引きつけよう

足先は外に向けつつ股関節は内旋させるのがコツ

股関節を内旋させて蹴り出す瞬間に面を作り出す

ほかの泳法とは異なり、特殊な動作を行う平泳ぎのキック。その基本は、脚を引きつけてから蹴り始める瞬間、股関節を内旋させることでしっかりと面を作り出すこと。この面を作り出せれば、高い推進力を生み出せるキックになる。

ポイントは、股関節の内旋。足先の動きだけを見ると外側に開くので、動きは外旋のように見える。しかし、股関節を外旋させるとヒザが開いて、大きな抵抗を生み出すばかりか面を作れず、水を捉えられない。平泳ぎのキックは脚を引きつけたら、股関節を内旋させて指先を外側へ向けることが、効率よく水を捉え、進むキックになるポイントなのだ。

股関節を内旋させて面を作ったら、脚全体で水を後ろに押し出すように蹴る

最後は両脚で水を挟み込むようにする。足の裏同士を合わせていく意識を持つと良い

足先は伸ばして、しっかり両脚を閉じるところまで意識してキックしよう

Level UP!

足先を伸ばして最後まで水を押しきること

面を作ったところから、真後ろに水を送り出すようにしてキックを打つ平泳ぎ。ここで忘れてはいけないのが、足先が伸びきる最後の最後まで水を押しきること。

良く見かけるのが、水を挟み込むようにすることだけを意識しているために、最後の部分で足先が伸びきっていないキックの形。平泳ぎは、約7割をキックの推進力に頼っているため、最後まで押しきらないキックはコンビネーションに生かすことができない。

クロールのキックやバタフライキックのように、最後の最後までしっかりと蹴りきることを平泳ぎでも意識して行おう。水を押し出すことだけに注意するのではなく、脚を伸ばしきる最後まで意識してキックしよう。

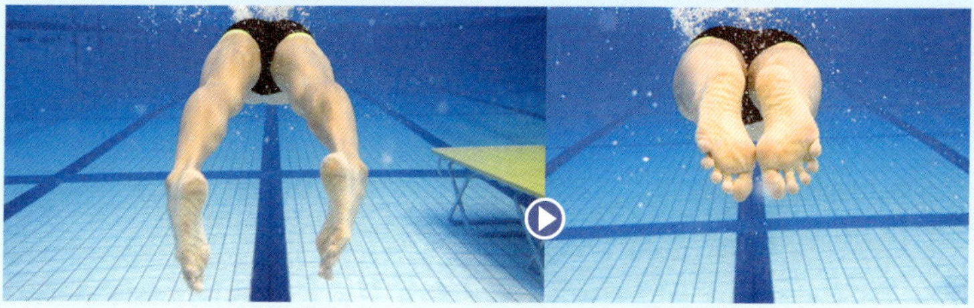

足の裏同士を合わせるような意識で、最後の最後までしっかりと水を押しきろう

ねらい

ストロークの基本1 キャッチの大切さを学ぶ

Menu 006 水を効果的に捉えるストローク

入水をしたら、キャッチまでの動作を素早く行う

キャッチ動作のスタートは、手のひらを後ろに向けることから始まる

ヒジから先を外旋させるようにすれば、自然とヒジが立ち、手のひらを後ろに向けたままキャッチ動作ができる

上腕骨をキャッチは内旋、プルで外旋、プッシュで内旋させる

キャッチ動作は、手のひらを真後ろに向けた状態をキープするために、上腕を内旋させるのがコツ

プル動作は、脇を締めながら今度は上腕を外旋させていくようにすると、手のひらと前腕が後ろに向いたままで水を押すことができる

プッシュでは上腕を内旋させるようにすることで、手のひらで最後まで水を押し切ることができる。キャッチで内旋、プルで外旋、プッシュで内旋する上腕の動きが、ストロークにおける重要なポイントだ

手のひらを後ろに向けて効率よく水を捉える形をキャッチで作る

ストローク動作でもっとも大切なポイントは、素早く手のひらを後ろに向けて、さらにその時間を長くすること。推進力は、進行方向と逆方向に水を押すことで生まれるため、できるだけ手のひらを真後ろに向ける時間をできるだけ長く作ることが、効率のよいストロークの基本。また、キャッチからプル、プッシュに向けて動作を加速させていくように水を押すことも大切になる。

特に速く泳ぐことを重視するならば、真っすぐに水を押し出す力（抗力）を使うほうが、高い推進力を生み出せる。しかし、抗力を生むストロークはその分水の抵抗も大きくなるため、高いパワーとテクニックが必要になる。スカーリング動作のように、手を斜めに動かして生み出す推進力（揚力）は、少ないパワーで進むことはできるが、推進力は抗力に劣る。速く泳ぐことを目的とするならば、できるだけ真っすぐに水を押す、抗力を重視したストロークのほうが効率のよい泳ぎになる。

キャッチをしたら手のひらから前腕を後ろに向けたまま、ヒジを引くような意識で脇を締めてプル動作。身体が腕に近づいていくイメージで脇を締めることがポイント

脇を締めたら、最後のプッシュ動作。キャッチからプル、プッシュにかけて、どんどん加速するようにストロークする

プッシュのときも、できるだけ手のひらは後ろに向けた状態をキープしておこう

Extra

抗力と揚力を使いこなし効率の良いストロークを身につけよう

クロール、背泳ぎ、バタフライは推進力の約7割をストロークで得る。そのため、手でどれだけ水を効果的に捉えることができるか、その捉えた水をどれだけ推進力に変えられるかが重要だ。

手のひらを真後ろに向けて水を押し出して生まれる力は、抗力。抗力は大きければ大きいほど、高い推進力を生み出せるのだが、逆に抵抗も大きく、パワーも必要になる。揚力は手を斜めに動かすことで生み出す力で、抗力ほどのパワーは必要ないが、そのぶん推進力も小さい。

水泳のストロークは、手が水中を立体的に動いて行われているため、抗力と揚力の両方を使って推進力を生み出している。特にトップスイマーたちは、抗力と揚力の良いところをうまく使っているから、あれだけ効率よく推進力を生み出すストロークができるのだ。

ねらい

ストロークの基本2
4泳法におけるストロークのコツを学ぶ

Menu 007 キャッチからプッシュまでの基本

【バタフライ】

肩幅くらいで入水したら、クロールのキャッチ動作と同様の動きで手のひらを後ろに向けるようにする

胸の前で大きなボールを抱え込むようなイメージで、上半身全体で水を大きく捉えることがキャッチのポイント

キャッチ後、水を身体の下へ集めるようにおヘソに向かって水を押していく。ヒジを引くような意識で脇を締めていくことがプル動作のポイント

【背泳ぎ】

小指から入水後、素早く手のひらを後ろへ向けよう

肩、ヒジ、指先で三角形を作るようにすると、効率よく水を捉えられる。クロールのキャッチ動作を上向きで行なうイメージ

ストロークは身体の真横を動かすイメージ。プル動作で脇を締めていくようにすることで力強いストロークができる

【平泳ぎ】

グライド後に、上腕を少し内旋させて手のひらを外へ向け、アウトスイープ（外へ広げる動作）への準備

肩甲骨から腕を動かす意識で、斜め上横へとゆっくり広げていく。腕のつけ根（広背筋）に水の重さを感じよう

上腕の位置が肩幅よりも広がったら、ヒジを支点にして前腕部を素早く回外させて、手のひらの向きを内側へ切り返す

水を捉えるところと力を発揮する場所は違う

たとえば、キャッチで水を捉える部分は、手のひらを始めとする腕全体だが、水をかくときに力を入れる部分は腕や手のひらではなく、広背筋をはじめとする体幹部分。これはキックも同じで、水を蹴る部分は足先やスネの部分だが、力を入れる部分はお腹や臀部が中心だ。つまり、ストロークやキックといった手足の動作において、水を捉える部分と、力を入れる部分はまったく違うことを覚えておこう。

うちわを思い浮かべてみよう。空気を捉えて風を発生させるのはうちわの広がった部分だが、そのうちわ自体を動かす力は、根本にあるグリップの部分。これと同じで、手先足先に力を入れず、それらを動かすのは手足の根本の部分の大きな筋肉。この意識が、力強く、たくさん水を捉えられるストロークやキックを生み出すことにつながるのだ。

手のひらと前腕部が後ろへ向いたまま脇を締めて水を押していく。脇が開いてしまうと水を逃がしてしまい効率が悪くなるので注意しよう

手のひらは後ろへ向けたまま、ヒジを伸ばして最後まで水を押していく。ストロークの中で動作が一番加速する部分

手のひらは最後まで後ろに向けたまま、小指側へスライドさせながら水上へ抜き上げ、リカバリー動作へつなげる。手のひらが上を向いてしまうと水を持ち上げてしまい、スムーズに抜き上がらず、腕が疲労して後半の泳ぎに影響がでる

プル動作で脇が締まったら、ヒジを一気に伸ばしてプッシュ動作。手のひらがギリギリまで後ろを向いているように意識しよう

プッシュ局面で手首の力が抜けていると、ヒジが伸び切ったところで手首のスナップが効き、手のひらで水を押し込むことができる

手首のスナップで手のひらが一旦下を向くが、素早い動きで手のひらの向きを切り返し、親指から抜き上げるようにしてリカバリー動作へつなげていく

インスイープ（内側へ腕を動かす動作）では、ヒジを肩よりも後ろに引かないように十分に注意しよう。上腕を引くような大きな動きだと抵抗が増えてしまう

肩や胸よりも前で左右のヒジをつけるような意識で、動作を加速させて素早くインスイープ動作。身体が沈む前に素早く腕を前へ出しリカバリー動作へ

リカバリー動作に続いて身体を前へ倒すことで、体重移動がスムーズに行われ、ストリームライン姿勢での推進力へつなげることができる

COLUMN 『意識』することの大切さ

陸上で行うスポーツとは違い、水中という環境下の水泳は、自分の動作を目で確認することができない。そのため、一つひとつの動作を『意識』して行うことが、技術力を上げる大切な要素になる。
『意識』することは、その部位を使っているかどうかを確認しながら泳ぐこと。たとえば、腹圧を意識して泳ぐなら、腹圧が入っているかどうかを自分の感覚で常に確認しながら泳ぐようにする。そうして、タイムをひとつの基準としながら、自分の感覚とフォームをすり合わせていくことが、技術力を高めるポイントになるのだ。

必ず『意識』するポイントは、1回泳ぐなかで1カ所だけにしておこう。キャッチ時の手の形を意識して、さらにキックの打ち方も意識して……と欲張っても、両方を意識して泳ぎ続けることは難しい。例として、50m×8本という練習ならば、1、2本目はキャッチの手を意識、3、4本目はプルで脇を締める動きを意識、5、6本目はプッシュの最後まで手は後ろを向けておくことを意識して、7、8本目はキャッチ～プル～プッシュまでを加速させるように行うことを意識する、というやり方がおすすめ。

また、1本は意識して、1本は意識せずに行ってタイムの違いを確認するのもひとつの方法だ。意識して行ったときと、そうでない場合でどのような違いが出るのかを確認しておくのも、『意識』の大切なポイント。

見て確認できないからこそ、自分の感覚をフル稼働させ、常に頭を使って泳ぐことが上達するための第一歩だということを忘れず、日々の練習に取り組んでほしい。

そして、最終的には練習で常に意識してきたことが、意識しなくても行えるようにしよう。レース中は、無意識に自分が練習してきた動きが表れる。だからこそ練習中は繰り返し何度も意識して、その動作が身体に染み込むまで練習することが大切なのだ。

第２章

クロール

すべての泳法テクニックのベースが詰まっており、さらに練習で体力の
ベースを高めるためにも必要不可欠なのがクロールです。
水泳の基本ともいえるクロールの技術力を向上させることは、
ほかの泳法の技術を高めることにもつながります。
そのテクニックを身につける方法を紹介していきましょう。

ねらい

推進力を生み出すための キャッチの形を身につけよう

難易度	★☆☆☆☆
時間	30～60分

» 得られる効果

- **ストローク**
- キック
- 呼吸
- フィジカル
- ターン&タッチ
- スタート
- 浮き上がり

Menu 008 水を効率よく捉える キャッチを学ぶ

ポイント 3本の指を意識して手のひらで水を捉える

推進力を生むストロークをするためには、どれだけキャッチで水を捉えられるかどうかが重要なポイント。キャッチで水を捉えられていないと、プルやプッシュでどれだけ力強く押したとしても、抗力を生み出す壁となる水がないので意味がない。だからこそ、キャッチがストロークにおいて非常に重要な意味を持つのだ。

手のひらを後ろに向けて水をしっかりと捉えるためには、指の使い方がポイント。上腕を内旋させてヒジを立てるとき、小指、薬指、中指の３本の指で水を引っ掛けるようなイメージで前腕を回外（※）させる。上腕を内旋させると、前腕も回内の動きになって手が外に流れてしまう。ここで小指、薬指、中指で水を捉える意識を持っておくと、外に広がりすぎず、効果的に水を捉えることができる。

回内、回外とは!?

前腕の 2本の骨の動きを表したもの。簡単に言うと、手のひらを上に向ける動作を回外、反対に下に向ける動作を回内という。

ポイント

小指、薬指、中指の使い方ひとつで水を捉える感覚が変わる

キャッチで水を捉えるために、ヒジを立てましょう、ということはよく言われる。ヒジを立てることで素早く手のひらを後ろに向けられるからだ。この動きに合わせて、小指、薬指、中指の３本の指で水を引っ掛けるようにすると、手が外に広がりすぎず、身体の真下で効率よく水を捉えることができる。指の使い方ひとつで、キャッチの感覚が大きく変わるのだ。

ポイント

上腕でも水を捉える

ヒジを立てる動作は、何も難しいことはない。入水後、手のひらを下に向けて腕を前に伸ばした状態から、上腕を内旋させつつヒジを曲げてみよう。すると、自然に上腕が高い位置をキープしたままヒジを曲げることができる。
まずは、陸上で手のひらの向きを気にせずやってみよう。身体の前に手を伸ばし、上腕を内旋させながらヒジを曲げる。上腕の位置が変わらず、ヒジが曲がるのがわかるはずだ。しかし、このままでは手のひらが外側を向いて水を逃がしてしまう。そこで、この動きに合わせて、小指、薬指、中指で水を引っ掛けるようにして前腕を回外させる（手のひらを身体に向ける）と、手のひらだけではなく、前腕でも水を大きく捉えられるキャッチの動きになるのだ。

ポイント

身体を腕に近づけるイメージを持つ

入水後は手のひらが下を向いており、これを推進力を生み出せるようにするために、素早く後ろに向けるキャッチの動作を行う。ここで手のひらがおへそのほうに向いていると、プルからプッシュ動作につなげやすい。
腕を身体に近づけるのではなく、身体を腕に近づけていくイメージでストローク動作ができると、水を逃がさず、また壊すことなく手のひら、前腕、上腕で水を捉えたまま押していくことができる。

クロール

ねらい

水を捉えられる キャッチドリルを覚える

難易度	★★
時　間	30分

» 得られる効果

ストローク

Menu 009 キャッチのためのドリル3種類

やり方

1. ノーマル＆ヒジ立ての２種類のスカーリングを使い、手のひら前腕で水を捉える感覚を養う
2. その感覚を忘れないように、片手クロールで実際のキャッチ動作に近づける

キャッチポジションでのノーマルスカーリング

上腕を固定し、ヒジを支点にして前腕と手のひらでスカーリングをする。手を外に向かって動かすときは、手を回内させて、親指と人さし指側で水をひっかける。外から内側に向けて動かすときは、前腕を回外させて、小指、薬指、中指の３本の指に水をひっかけるようにして、無限大の形（∞）を描くようにすると良い。また、外から内に手を動かすときは、手のひらを後ろに向けておくとキャッチ動作に近い動きになる。上から２番目の写真の形がキャッチ動作に近くなるので、動作のなかでこの感覚を学習していくようにしよう。

キャッチポジションでの縦スカーリング

ノーマルスカーリングと同様に、ヒジを立ててキャッチの形を作り終えるまでは、ヒジの位置をできるだけ動かさないようにして行う。上腕を内旋させながら、小指・薬指・中指の３本の指に水を引っ掛けるようにして前腕を回外させる動きで、ヒジが立つところまでを繰り返し行うドリル。手のひらだけでなく、前腕部や上腕部にも水が当たっているかどうか、ヒジが立てられているかどうか確認しながら行おう。

Level UP!

片手クロール（片手前方）

片腕は前に伸ばして固定し、もう一方の腕でストローク動作を行うドリルワーク。入水と同時にローテーションで身体を傾けていき、固定している側の手よりも前の水を捉える意識でストロークする腕を伸ばしていく。そこから、スカーリングで養った水を捉える感覚を生かしてキャッチ動作を行い、そのままストローク動作全体を行う。動かさないほうの手を前に伸ばしておくと、身体が安定しやすいのでキャッチ動作だけを意識して練習することができる。

クロール

ねらい

推進力を生み出す プル-プッシュ動作を学ぶ

難易度	★★★★★
時　間	30〜60分

» 得られる効果

ストローク
キック
呼吸
フィジカル
ターン&タッチ
スタート
浮き上がり

Menu 010 プル-プッシュ動作

ワンポイントアドバイス

キャッチとは反対に腕の外旋と回内動作がポイント

キャッチで捉えた水を後ろに送り出してあげることで、高い推進力が生まれる。水を逃がさず、しっかりと推進力を生み出せるように水を後ろに押すためにも、プルとプッシュ動作でも手のひらは後ろを向けた状態をキープして行おう。

プルは、キャッチしたときに開いた脇を徐々に締めていく。このとき、内旋させた上腕を元に戻していく（少し外旋させる）と同時に、前腕は回内する。言葉にすると難しいが、キャッチしたときの前腕から手のひらの向きは変えずに、脇を締めていくと良い。脇が締まったら、そのまま手のひらは後ろに向けたままヒジを伸ばしていく。これがプッシュ動作。

脇を締める動作が大事なポイントになるが、腕を身体に近づけるのではなく、身体を腕に近づけていくイメージを持てると理解しやすくなるだろう。

上腕は外旋させると効率よく水を送り出せる

キャッチ動作で内旋させた上腕を少し外旋させるように動かすと、脇を締めるときに前腕から手のひらまでが後ろを向いた状態をキープできる。ここで前腕を回外させた状態のままだと、手のひらが内側を向いてキャッチで捉えた水を逃がしてしまうので注意しよう。キャッチのときに小指・薬指・中指で水を捉え、ヒジが立ってプルに移行したら、今度は親指と人さし指側に水を当てるイメージを持とう。すると、前腕が軽く回内するので、水を逃がすことなくプル動作に移れる。

プッシュの最後まで手のひらは後ろを向けておこう

プッシュ動作では、脇を締めた状態からヒジを伸ばすので、手のひらが上を向いてしまいやすい。すると、力は底に向かって働いてしまうので前に進む推進力にはならない。手のひらは、最後まで後ろを向けておくようにしよう。
そのためには、手首の力を抜くようにしておくことがコツ。手首に力が過剰に入ると手のひらが上を向きやすい。手首の力を抜き、手のひらに水圧がかかるようにしておくと、自然と手のひらは後ろを向くようになる。

ワンポイントアドバイス

プッシュは押しきるというよりも放り投げるイメージでOK

プッシュは、水を後ろに送り出す最後の部分なので、キックで最後まで蹴りきるのと同じように、ヒジが伸びるまでプッシュ動作を行いたいところ。しかし、力強く押しきる、という意識は持たなくても良い。その理由は、水を押し出す面積にある。
キャッチでは手のひらから前腕のみならず、上腕でも水を捉えることができる。プルからプッシュの局面では、脇が締まっていくので上腕での水の捉えは少なくなるが、前腕と手のひらでは水を押せている。しかし、プッシュ動作で水を押せる面積は、手のひらのみ。ここで力を入れて思いっきり押したとしても、押せる水の量は少ないので、入れた力に対する見返りは少ない。
ストローク動作に加速性を持たせ、キャッチプルで捉えた大きな水を後ろに向かって放り投げるように動かすほうが、水を効果的に押すことができ、高い推進力を生み出すことにつながる。

ねらい

推進力を生み出すプル～プッシュドリルを覚える

Menu 011 プル～プッシュのためのドリル3種類

難易度	★★☆☆☆
時　間	30分

» 得られる効果

- **ストローク**
- **キック**
- 呼吸
- フィジカル
- ターン&タッチ
- スタート
- 浮き上がり

やり方

1. プッシュスカーリングで、水を後ろに送り出すときの手に当たる水の感覚を養う
2. その感覚を覚えたまま、片手クロールでキャッチからプッシュまでの流れを覚える
3. ハーフチェンジオーバーで、コンビネーションに近い形でプル、プッシュで水を押し出すテクニックを身につける

プッシュポジションでのスカーリング

脇を締め、上腕を固定させた状態を作り、ヒジを支点にして前腕から手のひらを動かしてスカーリングする。手のひらの向きに注意を払い、ヒジ関節を大きく使って動作をすることが大切だ。親指と人さし指側で、水を後ろに押し出す感覚（前腕を回内させる）を意識して行おう。

片手クロール（片手後方）

キャッチドリルとは反対に、ストロークしないほうの腕は体側につけて行う。身体は少し不安定になるが、体幹への意識とキック姿勢を安定させて動作ができるようにしよう。身体をローテーションさせながらプル動作で脇を締めていき、最後のプッシュで水を後ろに送り出すことに注意して行う。プッシュスカーリングで意識づけした手のひらの向きにも意識を持てるようにしよう。

ハーフチェンジオーバー

ハーフチェンジオーバーは、写真のように右手を前に、左手を体側につけた状態で８回ほどキックを打ったら、右手はストローク、左手はリカバリーをして右左を切りかえる、というドリル。キャッチで水を捉え、プルからプッシュで水を後ろに送り出すタイミングと、反対側の手が入水して前に伸びるタイミングを合わせることができる練習法だ。左右の腕が同時に動くと、ストロークの入れかわりのタイミングが合わなくなってしまう（キャッチで水の捉えがなくなってしまう）ので、リカバリー側が先に動き出し、上から２番目の写真のタイミングを合わせられるように意識して行う。

クロール

ねらい

リラックスして行う リカバリー&呼吸を学ぶ

難易度	★★★★★
時　間	30〜60分

» 得られる効果

ストローク
キック
呼吸
フィジカル
ターン&タッチ
スタート
浮き上がり

Menu 012 リカバリーキック

リカバリー動作はリラックスすることだけを考える

プッシュが終わって、手を前に戻す動作であるリカバリー。ヒジを曲げた形や腕を真っすぐ伸ばした形など、リカバリーの種類は数多く存在するが、形にこだわるよりも大切なことがある。それは力を抜いてリラックスすること。リカバリーは、ストロークのなかで推進力を生まない局面であるため、力を入れる必要がまったくない。ここで力んでしまうと、ただ体力を消耗するだけなので、リカバリーはリラックスして腕を前に持っていける、自分に合った形を見つけ出そう。

陸上から泳ぎを見ているとき、泳ぎの形がわかりやすいのがリカバリー動作。トップスイマーの泳ぎはこうなっている、というイメージの内容は、リカバリーの形が占めている割合が大きい。だから、リカバリーの形にこだわってしまいやすい。

しかし、特にクロールの場合、リカバリーをしている手の反対側はストロークによって推進力を生み出している局面になる。水泳で大切なのは、推進力を生み出す局面で、どれだけ効率の良い泳ぎができるかどうか。それなのに、推進力を生み出さないリカバリーの形ばかりにこだわっても意味がないのだ。

リカバリーのときの手のひらは後ろを向けておこう

形にこだわる必要はないが、リラックスできるリカバリー動作に必要なポイントはある。それは、手のひらを後ろに向けておくこと。この状態を作っておくと、ヒジから指先までの力を抜きやすく、さらに入水と同時にキャッチ動作に素早く移行できるというメリットも生まれる。

スプリンターに多く見られるストレートアームリカバリーの注意点

50m や 100m を得意とするトップスイマーでよく見かける、腕を真っすぐ伸ばしたまま行うリカバリー動作。このストレートアームリカバリーを行う理由は、遠心力を利用するためだ。遠心力を使って前方に素早く重心移動を行い、力強いキャッチで一気に前に進む泳ぎが、ストレートアームリカバリーを使うと可能になる。

ただ、その遠心力は諸刃の剣でもある。遠心力の力は強く、身体がぶれやすくなってしまうのだ。この遠心力を制御するためには、強いキックと強い体幹で身体を安定させなければならない。ストレートアームリカバリーは、本来推進力に関係のない局面のリカバリーに意味を持たせる方法のひとつだが、その分リスクも高くなることを覚えておこう。

ワンポイントアドバイス

ヒジから先はどんな形でもリカバリーの基本動作は変わらない

身体がローテーションして傾いた状態から上腕が水面から出たとき、ヒジが背中のほうにいかないことが、肩に負担をかけないリカバリー動作の基本。ハイエルボーアームリカバリー（ヒジを曲げて行うリカバリー）とストレートアームリカバリー（ヒジを伸ばして行うリカバリー）は“ヒジから先をリラックスする”“遠心力を使う”と、それぞれ特徴はあるものの、リカバリーの基本は同じ。背中のライン上に腕を伸ばすということさえ守れば、ヒジから先の形は特に気にせず、自分が楽にリカバリーできる形であればOKだ。

クロール

ねらい

泳ぎを効率よくする リカバリー&キックを覚える

難易度	★★★★☆
時　間	30分

≫得られる効果

ストローク

キック

呼吸

フィジカル

ターン&タッチ

スタート

Menu 013 リカバリー&キックドリル3種類

やり方

1. リバースリカバリーで、リラックスして行えるリカバリーの形を身につける
2. クォーターサイドキックで、ローテーションが入るリカバリー時でも身体が安定するキックを覚える
3. ボードストリムラインキックを使って、キック力の強化と、身体を真っすぐにした状態で打つキックの感覚を養う

リバースリカバリー

片手は前に伸ばしておき、もう片ほうの手は体側につけた状態から、リカバリー動作を入水まで行う。入水したら、逆にリカバリー動作を行い、手を体側に戻す。これを“ゆっくりと”繰り返すのが、リバースリカバリー。
特に、手を前に伸ばした状態から後ろに動かすリバースリカバリーのとき、体幹の安定と、腕のリラックスができていないと、ゆっくり腕を動かすことができないので、効率のよいリカバリー動作を見つけ出すのに最適なドリルだ。また、このドリルのときの推進力はキックのみに頼っているので、リカバリーのときにどうやって身体を使えば安定した状態をキープできるかどうかも感じ取りながら行おう。

クォーターサイドキック

身体を水面に対して90度に傾けるサイドキックよりも、コンビネーションに近い斜め45度の角度で体幹をキープしてキックを打つドリル。腹圧を入れたり、キックを真下に強く打たなければ、45度の状態はキープできない。その感覚を養うドリルだ。

ボードストリムラインキック

身体を真っすぐにした状態で、前方に伸ばした手をビート板に乗せてキックを行うドリル。ビート板に体重を乗せる意識で、腹圧をしっかり入れた状態をキープする。後頭部から骨盤までの背面のラインが、水面に真っすぐ浮いた状態を作れるようにする。上半身を安定させたままキックを打ち続ける必要があるので、ただ単純なキック練習のようにも見えるが、難易度は高い。上から見てキックを打つ度に身体がぶれていないか、水中から見て上半身が真っすぐになっているかどうかを確認しながら行おう。

Level UP!

やってみよう!
腕組みキックドリル

腕を組んだ状態で、ボードストリムラインキックと同じように真っすぐな姿勢をキープしたままキックを打つドリル。前方で支えるものがまったくないので、上半身のきれいな姿勢をキープしたまま行うには、かなり強いキック力が必要になる。ある程度、このページで紹介したドリルができるようになったら、挑戦してみよう。

クロール

ねらい

すべての要素を掛け合わせたコンビネーションを学ぶ

難易度	★★★☆☆
時　間	30〜60分

» 得られる効果

ストローク
キック
呼吸
フィジカル
ターン&タッチ
スタート
浮き上がり

Menu 014 ローテーションをうまく使いこなす

身体を左右に傾けるローテーションで力強いストロークをする

クロールは、左右に身体を傾けるローテーションという動作が入る。右手でストロークをしているときは右側が沈み込み、反対に左手がストロークするときには左側が沈み込む。このローテーションをうまく使うことで、体幹の力を腕に伝えることができ、力強いストローク動作が可能になる。

特に、ローテーションを切りかえるタイミングがポイント。キャッチ後、プル動作で水を身体に集めてくるタイミングが、ローテーションを切りかえるところになる。たとえば右手でストロークをしている場合、入水後に左手をしっかり前に伸ばすことで、身体の左右を素早く切りかえることができる。ローテーションはゆっくりと行うのではなく、入水で手を前に伸ばす動きと、プルからプッシュ動作のタイミングを合わせることで素早く切りかえるのがコツ。

ローテーションは体幹のパワーを腕に伝えるだけではなく、ストロークやリカバリー動作中の肩への負担を軽減する役割がある。さらに、呼吸動作も首を大きく動かす必要がなくなるので、ローテーションはスムーズな呼吸動作にも欠かせないテクニックなのだ。

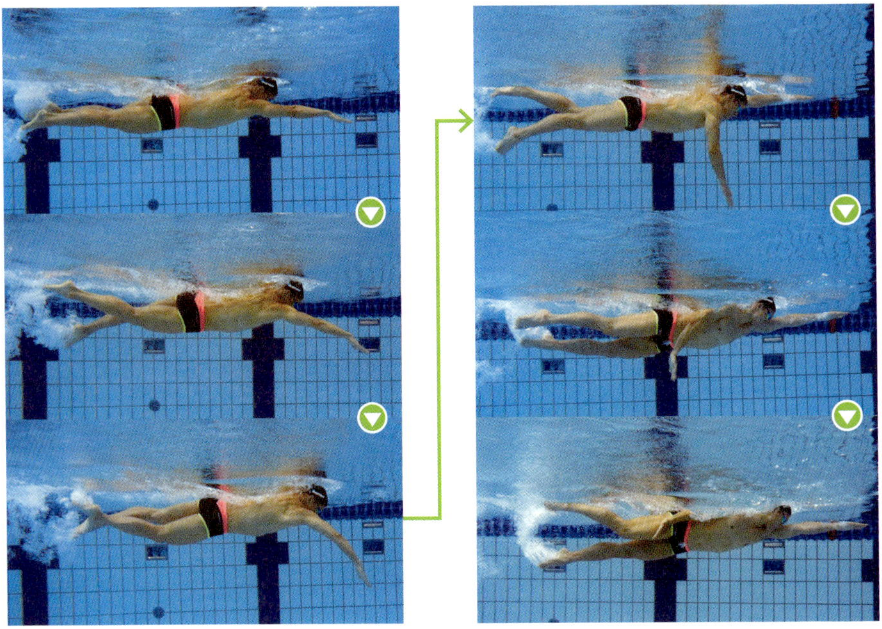

ワンポイントアドバイス

水を捉える動き（キャッチ）と腕を引く動き（プル）を混同しないように

スピードが上がると腕を回すテンポも速くなるので、ゼンマイ仕掛けのおもちゃのように、ぐるぐると腕を振り回すような動きになりやすい。しかし、これではただ腕を速く回しているだけで、体重移動ができずに腕の速さに対して推進力は生まれず、体力を消耗するだけの泳ぎになってしまう。

大切なのは、キャッチとプル・プッシュ動作は別物、と考えることだ。キャッチで水を捉える動作のタイミングは、スピードの速い遅いで異なるが、スプリント種目だとストロークテンポが速いので、キャッチからプルへの移行の時間が短くなるだけ。泳速度の速い遅いに関係なく、腕を引き始める（プル）タイミングは同じ。反対側の手が入水し、身体のローテーションの左右が切りかわるところで、キャッチからプルに移行する。これはスプリント種目だろうが、ロング種目だろうが不変のテクニックなのだ。

プッシュとキャッチのタイミングを合わせると高い推進力が生まれる

クロールのスピードは、キャッチを行うタイミングによって調整すると良い。中長距離を泳ぐ場合は、プッシュで水を押し終えたところで、キャッチ動作が始まる。たとえば、右の手のひらを後ろに向けてプッシュが終わってリカバリーに入った直後に、左の手のひらがキャッチで後ろを向く。このように、手のひらが後ろを向いている状態を右手、左手とリレーし、左手がプッシュを終えたらまた右手にリレーしていくようなイメージができると、前方に体重移動をさせやすく、効率よく水を捉えることができる。

反対にスピードを上げたいスプリント種目などでは、プッシュ動作とほぼ同時にキャッチ動作を行うのがポイント。水を押し出しつつ前方の水を捉えるという、両手で水を押している時間を作ることで高い推進力を生み出すのだ。

キャッチ動作には“タメ”がある

どんなに腕を速く動かしたとしても、キャッチ動作には“タメ”があることを覚えておこう。スピードによってキャッチのタイミングは異なるが、キャッチからプルに移行するタイミングはどんなスピードでも同じで、リカバリーしてきた手が入水して、ローテーションが切りかわるところ。スピードが速いときでもキャッチで一瞬の“タメ”が入り、ローテーションで左右が切りかわるところでプルに移行する。スピードの速い遅いにかかわらず、キャッチからプルに移行するタイミングは、必ずローテーションが切りかわるところなのだ。

クロール

ねらい

学んできたテクニックを統合させてコンビネーションにつなげる

難易度	★★★★☆
時　間	30分

≫得られる効果

- ストローク
- キック
- 呼吸
- フィジカル
- ターン&タッチ
- スタート
- 浮き上がり

Menu 015 コンビネーションドリル3種類

やり方

1. チェンジオーバーでキャッチを行うタイミングや、ローテーションとプルに移行するタイミングを合わせる
2. バタフライキッククロールで、入水からキャッチに移行するところで、前方に体重移動する感覚を養う
3. プルのみで泳ぎの回転を上げ、キャッチで素早く水を引っ掛ける感覚を覚える

バタフライキッククロール

入水と逆側のプッシュのタイミングでバタフライキックを打つドリル。バタ足で行うよりも前方への体重移動がしやすくなるので、このドリルで前方に“乗る”感覚を覚えることができる。

チェンジオーバー

右手を前に、左手を体側につけた状態でキックを8回ほど打ちワンストロークサイクルを行って、また右手が前、左手が体側の状態に戻るのが、チェンジオーバー。ハーフチェンジオーバーと同じようにストロークとローテーションのタイミングを合わせる感覚を養うことができる。呼吸は右手が前から始まるときは、右側で呼吸すること。

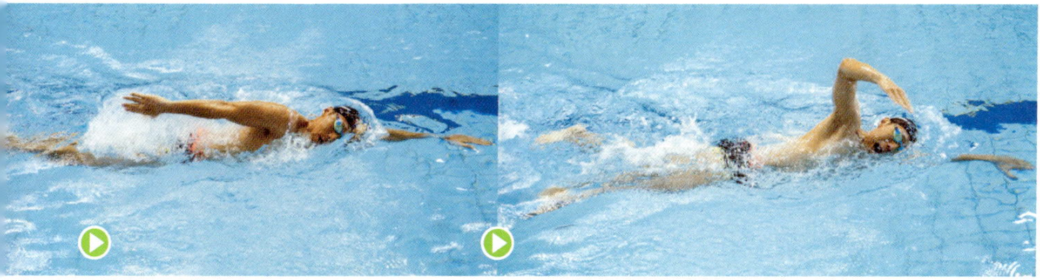

スプリントプルドリル

プルだけで素早くストロークを行うドリル。特に意識したいポイントは、プッシュとキャッチのタイミングを合わせ、ローテーションで左右を切りかえるタイミングでプル動作に移行する部分。キックを気にしなくても良いので、上半身の動きだけに集中して行うことができる。
素早くストロークを行うだけではなく、スローテンポでも同じように、上記のタイミングに注意して行ってみよう。

COLUMN

基礎体力を上げるだけでなくスランプ脱出にも役立つクロール

ほかの泳法にもつながるテクニックが詰まっている、クロール。それだけではなく、クロールは体力向上をねらう練習をするのに、最適な泳法とも言える。

陸上競技では、技術的な練習を行う前にはウォーミングアップとしてジョギングを行ったり、シーズンオフでもスピードをそれほど上げずに長く走るトレーニングは、体力を維持するために行う。水泳でも同じように、体力のベースを作るためには、ジョギングのように長く泳ぐ時間も必要だ。これは、ほかのバタフライや平泳ぎなどの泳法で行うよりも、クロールのほうがはるかに長く泳ぎ続けられ、さらに時間も短縮できる。つまり、基礎体力を作り上げるにはクロールの練習を多く取り入れることは、非常に効果的なのだ。

また、単純に大きな筋肉が集まっている脚を動かす時間が長ければ長いほど、心肺機能にかける負担は大きくなる。クロールのキックであるバタ足は、バタフライキックよりも脚を動かす回数は多くなるので、心肺機能を鍛える効果的なトレーニングになる。クロールは水泳の技術的なベースであるだけではなく、トレーニングの基礎にもなる泳法だと言えるのだ。

クロールはもっとも速く泳げる泳法。バタフライや背泳ぎよりも、クロールの記録が遅いことはないので、クロールの記録が伸びればそれだけほかの泳法の記録も伸びる可能性がある、ということになる。もしクロール以外の専門種目の自己ベストが伸び悩んでいるなら、クロールの記録を伸ばす練習をしてみよう。そこから、専門種目でのスランプ脱出のきっかけをつかめる可能性もあるのだ。

第3章

バタフライ

クロールに次ぐ泳速を誇るバタフライ。
一見ダイナミックに見える泳ぎですが、効率よく水を捉え、抵抗の少ない
形でムダのない動きを行うことがバタフライのポイントになります。
リズミカルにプルとキックのタイミングを合わせ、
高い推進力を生み出すテクニックを学びましょう。

ねらい

効率のよいバタフライキックで泳ぎのベースを作り出す

難易度	★★★☆☆
時　間	30～60分

» 得られる効果

キック

Menu 016 バタフライを支えるキックを学ぶ

キックを使ってバタフライのベースを作ろう

クロールや背泳ぎと違い、両手両脚を同時に動かすバタフライは、ストロークで生み出す推進力のほかに、体重移動を利用する。その体重移動の要となるのが、うねりであり、ストロークではなくキック動作によってそのうねりは生み出される。
最後までしっかりと蹴り下ろすと同時に、体重を前に移動させるようにして身体のうねりを作り出す。フラットなバタフライは、このうねりが最小限に抑えられている泳ぎだということで、うねりがまったく無いわけではない。キックを効率良く打つためにも、まずはキックと体重移動の感覚を養おう。

効率良く水を捉えるために内ももを締めるようにして蹴り下ろす

バタフライキックを打つときに気をつけたいのは、足の親指は触れ合ったままで打つこと。離れてしまうと、水が逃げやすくなって推進力が半減してしまう。また、内ももを締めるようにして蹴り下ろすと高い推進力を生むキックが打てる。蹴り下ろす瞬間、腹筋上部からキックを打つようにすると、体幹の力が足先に伝わって力強いキックになり、これがバタフライの体重移動の基本となる。

第1キックは入水する瞬間に合わせる

手が入水したときに打つ第1キックは、蹴り下ろす瞬間に体幹に力を入れて、腰が反らないようにする。蹴り下ろし終わりと同時に手が入水し、身体を水面にかぶせるように沈み込ませていくことで、第1キックの勢いが前方に伝わる。この体重移動がないとバタフライは泳げないので、必ず習得するようにしよう。

第2キックで前方に飛び出す

第2キックは、プルからプッシュ動作のタイミングで打ち下ろす。体幹の力を使って打ち下ろすのはもちろんだが、第2キックでは斜め前方に飛び出すようなイメージを持って打つのがポイント。このキックにプッシュ動作が合わさることで高い推進力を生み、楽な呼吸動作やリカバリーにつなげることができる。

難易度	★★★☆☆
時　間	30分

» 得られる効果

キック

ねらい

体重移動ができるキックを覚える

Menu 017 バタフライキックドリル2種類

やり方

1 水面で、バンザイをした状態でキックを打つ。小さなうねりを作りながら、脚だけではなく、体幹も使ってキックを打つ感覚を養う
2 うねりを小さくしても効率の良いキックを打つために、水中でバタフライキックを打つ。このとき、身体を回転させながら水中バタフライキックを打つと、体幹の強化にもなって一石二鳥のドリルになる

水面バンザイキック

肩から指先まではできる限り動かさないようにしながら、体幹から小さなうねりを作り出すバタフライキックを打つためのドリル。指先から動かすような大きなうねりになってしまうと、水面でキックをスムーズに打ち続けられないので、胸から下を使ってキックを打つ感覚を覚えやすい。お尻を締め、骨盤を落として（写真①）、脚が水中に沈んでから、キックを蹴り下ろすようにしよう。このときに、腹筋上部を使って胸から打ち下ろすような意識を持つと（写真③）力強いキックが打て、効率の良いうねりの動作ができるようになる。

スクリューキック

肩から指先までは動かさず、胸から下を使うバタフライキックが打てていると、水中で回転しながらでもキックを打つことができる。特に、体幹が使えていれば、水中でバランスを崩すことなく回転しながらキックができる。最初は水中で真下だけ、真横だけ、真上だけと、それぞれパートに分けて練習するのもひとつの方法だ。

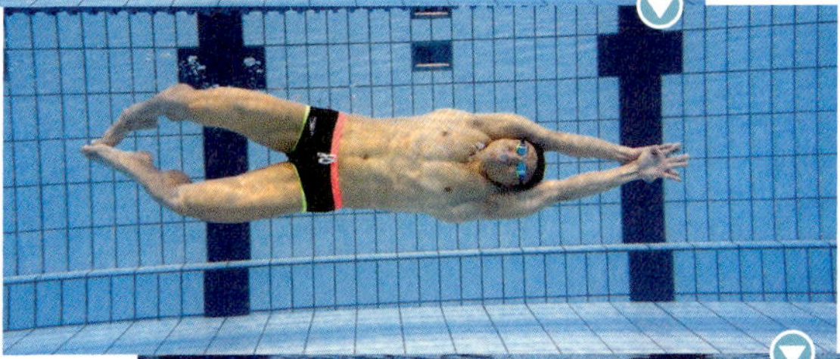

バタフライ

難易度	★★★
時 間	30〜60分

» 得られる効果

ストローク

ねらい

体重移動も使って水を捉えるキャッチを覚える

Menu 018 クロールと同じ動作で水を捉えるのがコツ

入水して前に体重移動をしてからキャッチを始めよう

入水と同時に第１キックを打って体重移動し、身体が浮き上がってくるタイミングに合わせてキャッチを行う。入水した瞬間にキャッチ動作に入ると、体重移動が終わらない前にストロークを始めてしまうことになり、腕だけで泳ぐ効率の悪いフォームになってしまう。しっかり前に体重移動を行って、前に伸びながらキャッチ動作に移行しよう。クロールと同じように前腕を回外させるようにしながら、腕を内旋させてヒジを立ててキャッチする。クロールと異なるのは、身体の力も使いながら胸から上で水を押さえつけるようにすることだ。

このとき、あまり手を外側に動かしすぎるとせっかく体重移動でついた勢いを止めることになってしまうので、スピードは出にくくなる。体重移動後、身体を前に伸ばして小さなうねりで身体が斜め上に向かうタイミングで、手を外に広げすぎないようにしながら、胸から上を使って水を押さえ込もう。浮力によって身体が浮き上がる前にキャッチ動作を始めたり、手で水を下に押さえつけたりすると、スムーズなストローク動作につなげることができない。浮力で身体が浮き上がるタイミングとキャッチ動作が合えば、無理矢理身体を起こそうとしなくても楽に呼吸動作までつなげられる。

目の前にある大きなボールを抱え込むようなイメージを持つ

体重移動が終わり、キャッチ動作に入るところで意識したいのは、目の前にある大きなボールを抱え込むようなイメージで水を押さえ込むこと。片手ではなく、両手でストロークを行うバタフライだからこそ、身体も使って水を捉えるほうが効果的にキャッチができる。

クロール同様に手のひらは素早く後ろに向ける

クロールと同様に手のひらは素早く後ろに向けるように心がけながら、ボールを抱え込むように水を捉える。手のひらを下に向けている時間が長いと、その分前に進むための推進力を生み出す時間が短くなってしまう。
水泳の基本で説明したとおり、効率のよい推進力を生み出すためには、手のひらを後ろに向けて、進行方向と逆向きに力を真っすぐ加えることが大切。

体重移動の終わりは身体が少し浮き上がるタイミング

身体が前に沈み込み、浮力によって身体が浮き上がるタイミングでキャッチ動作に移行するのが、もっとも効率のよい泳ぎ。入水時に体重移動するためには、少し斜め下に向かって進むことになる。この力の方向が上に向かうタイミングが、体重移動がし終わるタイミングとなる。

バタフライ

ねらい

体重移動も使って水を捉えるキャッチを覚える

難易度 ★★★
時 間 30分
» 得られる効果
ストローク

Menu 019 キャッチドリル2種類

やり方

1 アームディレイド（水中リカバリー）を使って、キャッチ動作からプル、プッシュにつなげる腕の使い方、身体の使い方を覚える
2 ドルフィンスルーで身体が浮き上がる動きに合わせて、キャッチをすることで高い推進力を生み出せる感覚を養う

ドルフィンスルーw／ストローク&キック

プールの底からジャンプして頭から入水する。ドルフィンスルーの動きに合わせてストロークを行い、身体が浮き上がるタイミングでキャッチをする感覚を養おう。プールが浅いなら底から、深いプールなら台を使って行うと良い。一度沈んでゆっくり水面に浮き上がってくる動きに合わせてキャッチし始める。そのままプッシュまで行っておくと、キャッチからプッシュまでの動作も確認でき、さらに第2キックとプル・プッシュを合わせる練習にもなる。

アームディレイドバタフライ（水中リカバリー）

腕を前へ伸ばして第1キックを入れ、身体を斜め下へ沈み込ませる。体重移動と浮力を利用して、身体が浮き上がってくるタイミングでキャッチ動作を行い、水を捉える感覚を覚えよう。プルからプッシュで脇を締めて力強く押す局面と第2キックを合わせて前方へ飛び出し、気をつけ姿勢でグライドし、動きが止まりかけたら、また前へ手を戻し、第1キックを打って身体を沈めていく。

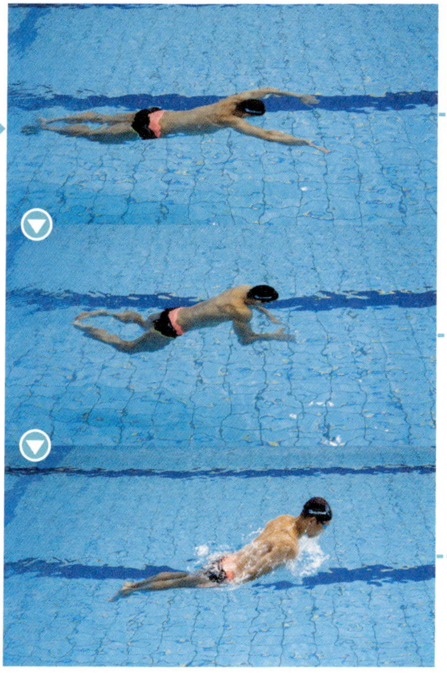

バタフライ

ねらい

前方に飛び出すプル・プッシュの勢いを使ってリカバリーを行おう

難易度	★★★
時　間	30〜60分

» 得られる効果

- ストローク
- キック
- 呼吸

Menu 020 キャッチで捉えた水を一気に押し出す

キャッチした水を、脇を締めながらしっかり後ろに押し出そう

バタフライのプルからプッシュ動作は、キャッチ同様にクロール同じと考えてよい。キャッチで捉えた水を身体のほうに向かって、脇を締めながらしっかりとかき込む。プッシュ動作で水を後ろに押し出しながら、そのタイミングで第2キックを打ち下ろすと、高い推進力を生み出せる。ここで腹圧が抜けて腰が反ると、プッシュで押し出す力もキックを打つ力も半減してしまう。しっかりと体幹に力を入れて、身体が真っすぐな状態で前方に飛び出していけるようにしよう。

ワンポイントアドバイス

アゴを前水面に乗せて滑らせるようにして呼吸する

プルからプッシュの動作と第２キックを合わせて斜め前方へ飛び出したタイミングで、アゴを水面に乗せるように呼吸を行う。このときに胸を沈めておく意識を持つことで、自然と低い呼吸動作ができるようになる。アゴを少し前へ突き出すような意識があってもよいだろう。呼吸をするために上半身を無理矢理持ち上げて水上に胸まで出てしまうと、浮力がなくなってしまうので、楽に呼吸ができないばかりか、ムダな体力を消耗してしまう。呼吸動作は最小限に抑えて行おう。

小指から斜めに抜き上げてその勢いで前に手を戻す

プッシュはクロールと同様に、手のひらを後ろに向けて行う。そのまま背中のほうに向かって手を抜き上げるのは、肩への負担も大きい。プッシュをするとき、少し外に向けて手を動かすのがコツで、小指から手を抜き上げるようにすると、プッシュを行った勢いを使ってリカバリー動作ができる。また、リカバリーは背中側に腕を持ち上げることはしない。第２キックとプッシュで浮き上がった身体の真横を通すようにして、前に持って行くのがバタフライのリカバリーだ。クロール同様、リラックスできる形で行おう。

リカバリーでもうひとつ気をつけたいのが、肩甲骨を挙上（肩をすくめるような動き）させないこと。力任せなリカバリー動作を行うと肩に力が入り、そのような動きが起きてしまいやすいので、腕を前方へ放り投げるようなイメージを持ってリカバリー動作ができるとよいだろう。

バタフライ

ねらい

プル・プッシュとリカバリーをスムーズに行う感覚を覚えよう

難易度	★★★
時 間	30分

» 得られる効果

ストローク

キック

呼吸

Menu 021 プル・プッシュ&リカバリードリル3種類

やり方

1 プッシュポジションでのスカーリングで、両手でプッシュを行う感覚を養う

2 片手バタフライで、プルからプッシュ、そこからのリカバリーの動きだけに集中して行う

3 アームディレイドバタフライ（水上リカバリー）で、キャッチした水を後ろまでしっかり押し出す感覚と、リカバリーの感覚を養おう

リアスカーリング

脇を締めたまま、手のひらを後ろに向けた状態でスカーリングを行う。アウトスカーリング（手を外側に動かす）で、ヒジから下を使って水を後ろに押し出す感覚を養おう。親指、人さし指側に水が当たるように意識して、小指側に向かって水を放り投げるようにするのがポイントだ。

片手バタフライ

片ほうの手を前に伸ばしたまま、もう片ほうの手でストロークを行なう。スイムに近い形でストロークとキックのタイミングを合わせながら、プル～プッシュ動作とリカバリー動作に意識を向けて練習してみよう。余裕があれば、体重移動や呼吸のタイミングなどにも注意しながら行えるとよいだろう。

ドルフィンスルー w／ストローク&キックをプル・プッシュにも使おう

キャッチのときには、身体の浮き上がるタイミングに合わせて水を捉える感覚を覚えるために紹介したドルフィンスルー（w／ストローク＆キック）。今度は、身体が浮き上がる勢いを使って、第2キックとプッシュを合わせて勢いよく水面に向かって飛び出す感覚を覚えるために使おう。

アームディレイドバタフライ(水上リカバリー)

キャッチ局面を練習するドリルで紹介したアームディレイドバタフライに、リカバリー動作を加えるバージョンのドリル。プルからプッシュで脇を締めて力強く押す局面と第2キックを合わせて前方へ飛び出し、呼吸動作へ繋げる。プッシュと第2キックで得た勢いを利用して気をつけ姿勢でグライドし、動きが止まりかけたら、肩甲骨から腕をコントロールしてリカバリー動作を行う。両手の手の甲を合わせるようなイメージを持ち、水面スレスレで腕を前方へ戻していけるように行ない、入水に合わせて第1キックを打つ。コンビネーションに近い動きで各局面の動作に意識を向けて練習ができる。

ねらい

リズミカルに効率良く泳げるコンビネーションの基本を学ぶ

難易度	★★★
時間	30～60分

» 得られる効果

- ストローク
- キック
- 呼吸
- フィジカル

Menu 022 キックとプルのタイミングを合わせよう

入水時は水面に覆い被さるように背中を少し丸めて体重移動につなげよう

コンビネーションをリズミカルに行うためには、スムーズな体重移動が不可欠。第1キックに合わせて腕を入水させていくが、このときに腹筋上部を収縮させて、背中を少し丸めるような感じで水面に覆い被さるような体幹の使い方ができると、前方斜め下へスムーズに身体を沈み込ませていくことができる。しかし、そのままの姿勢で長くいると、深く潜りすぎてストロークとのタイミングが合わせられなくなってしまう。背中を丸め、身体を斜め下へ沈み込ませた直後に、胸を少し下へ落とすような動き（胸を張る動き）を入れると、浮力によってフワッと浮き上がる感覚を感じやすくなるだろう。逆に入水時から胸を張るような形になっていると、身体が沈み込みにくくなり、体重移動がスムーズに行われなくなるので注意が必要だ。バタフライをリズミカルに泳ぐために、第1キック後の体重移動は確実に行えるようにしよう。

▲このタイミングで、少し背中を丸めるようにして第1キックを打ち、前方への体重移動をスムーズにしよう

▲第2キックは、プルからプッシュに移行するところが打ち始めるタイミング。呼吸もこの動作に合わせて行おう

ワンポイントアドバイス

呼吸をしないときに頭を突っ込み過ぎないように

バタフライの呼吸時、もっとも気をつけたいのは呼吸をするときではなく、しないときに頭を突っ込み過ぎないようにすること。顔を上げないようにする意識が強くなり、アゴを引き過ぎて頭を突っ込むと、せっかく第2キックとプッシュで推進力を生み出すタイミングなのに、大きく前面から水の抵抗を受けてしまう。バタフライで呼吸をしないときは、余計なことをせず、頭を動かさないようにすることがポイントだ。

プッシュと第2キックを合わせて高い推進力を得る

最初の入水で体重移動ができていると、第2キックとプッシュのタイミングを合わせて、前方に飛び出す勢いもつけやすくなる。第1キックで重心移動し、少し沈み込んだ身体が浮き上がってくるタイミングに合わせて、斜め上に飛び出すように意識しよう。

入水と第1キックで一気に前に体重移動する

入水のとき、手だけを前に伸ばすだけだと、体重移動にならない。手を前に伸ばすというよりも、第1キックに合わせて上半身から水面に覆い被さるような意識で前方に乗っていくようにしよう。そうすれば、少し斜め下に向かって入水するようになり、確実に体重移動を行うことができる。

バタフライ

ねらい

スムーズに体重移動する コンビネーションを身につける

難易度 ★★★★★

時間 30分

» 得られる効果

ストローク

Menu 023 コンビネーションドリル3種類

やり方

1 リカバリーも行うアームディレイドで、コンビネーションに近い形のストロークを行いながら、腕の動きだけに集中して練習する

2 バタ足キックバタフライで、体幹をより安定させる感覚を養い、フラットな姿勢で泳ぐバタフライを覚える

3 片手バタフライで右手３回、左手３回行ったあと、コンビネーションで３ストローク泳ぐ、３－３－３ドリルで、片手で集中して行ったストロークの動作や体重移動の感覚をコンビネーションにつなげる

アームディレイドバタフライ（リカバリー付き&プルブイ使用）

プルブイをつけた状態で、キャッチ、プル、プッシュまで行ったら一回動きを止め、ゆっくりと水上をリカバリーさせて腕を前に戻すアームディレイドバタフライ。キャッチでボールを抱え込むような動作で水を大きく捉えたら、そこから素早くプル・プッシュで後ろに水を送り出すところまで意識して行うこと。リカバリー動作はプルブイがついているので、ゆっくりと行おう。

バタ足バタフライ

ストローク動作はバタフライ、キックはバタ足を使って泳ぐドリル。バタフライキックを使わなくても体重移動ができるように、より体幹部の動きに意識を持って行う。最小限の浮き沈みでフラットなバタフライができるように練習しよう。バタ足キックは振り幅が大きくならないように注意して、ストローク動作中も止めることなく打ち続けられるようにしよう。

3-3-3

左右3回ずつ、片手バタフライを行ったあと、コンビネーションを3ストローク行うドリル。片手でストローク動作や、第1キック、第2キックのタイミングを確認し、その感覚を忘れないうちに、そのまま同じリズム、同じ感覚でコンビネーションで泳ぐ。片手で養った感覚を忘れず、両手でも同じような感覚を持てるように何度も練習しよう。

COLUMN

練習するテクニックの順番も泳ぎを習得する早さにつながる

クロールでは、キャッチやプル、プッシュというストローク動作にキック動作を合わせる、という順番で技術練習をしていく。だが、バタフライはストロークよりも先に、バタフライキックを使って身体のうねりを作り出すことから始めるのが、バタフライのテクニックを習得するいちばん早い方法になる。

バタフライはクロールと違い、両手両脚を同時に動かすため、重心移動を身体に覚え込ませることが大切。そのため、バタフライキックで身体のうねりを作り出す方法をストロークよりも先に覚えたほうが、重心移動の感覚を覚えやすいのだ。

このように、できるだけ早く技術を習得するためには、練習する順番が深く関係しているのだ。これは、技術だけではなく通常の水中トレーニングメニューや、陸上トレーニングにも同じことが言える。鍛える順番をしっかりと考えて行おう。そうすることで、自分が目指す目的に対して、効果的な練習を行うことができる。

ただテクニックを覚える、ただ教わったドリルを行うというだけでは、技術は習得できないということ。練習する順番や、身体に感覚を覚え込ませる順番もしっかりと考えてトレーニングすることが大切なのだ。

第４章

背泳ぎ

４種目のなかで、唯一上を向いて泳ぐのが背泳ぎです。速く泳ぐためなら、
やはりキャッチがもっとも重要なテクニックではありますが、
動作はクロールと似ているものの、姿勢の作り方も含めて、
身体の上下が反転するだけで泳ぎ方は大きく変化します。
その背泳ぎの技術をひとつずつ紐解いていきましょう。

ねらい

スムーズに背泳ぎを泳ぐための プッシュからリカバリーを学ぶ

難易度	★★★★★
時　間	30〜60分

» 得られる効果

ストローク
キック
呼吸
フィジカル
ターン＆タッチ
スタート
浮き上がり

Menu 024 プッシュで 止まらないことがポイント

脇を締めて プッシュして しっかりと水を送り出す

背泳ぎはプッシュの動作からリカバリーに移行するところで、動作を止めないことがスムーズに泳ぐポイント。そのために、まずはプッシュの動作を確認しておこう。
プルから脇を締めてプッシュ動作に移行し、ローテーションで体幹の力も利用して水を後ろに押し出すのは、クロールと同じ。異なるのは、身体の横からお尻のあたりに向けて水を放り投げるようにして、手首のスナップを効かせて水を後ろに送り出そう。

ワンポイントアドバイス

リカバリー動作では腕の 重みをしっかり肩に 乗せるように意識する

プッシュで動きを止めることなく、流れるようにリカバリー動作に移ろう。親指から手を抜き上げていくが、腕を身体（肩）にしっかりと乗せて、腕の重みを感じながら動作ができるとよいだろう。ローテーションがしっかりできていれば、肩の位置は水上に出る。そこからさらに水面高く腕を持ち上げるような動作はムダな動きになり、余計な体力の消耗はもちろんのこと、浮力が小さくなり身体が沈む原因になるので、泳ぎが上下に動きやすくなる。腕は力まないように、その重みを感じながら放り投げるように入水へつなげていこう。

プッシュ位置が深くならないように注意しよう

プッシュ動作を終えたところで手の位置が深くなってしまうと、水面へ腕を抜き上げるまでに時間がかかってしまう。脇を締めて、上腕が体側についている状態でプッシュをすることで、手の位置がお尻付近で止まるので、水上へ素早く手を抜き上げることができ、スムーズにリカバリー動作へ移行できる。

親指から抜き上げてリカバリーに移ろう

脇が締まり、ヒジを伸ばしてプッシュ動作を力強く行う。手首が力んでしまわないように注意して、ギリギリまで手のひらを足の方向へ向けて水を押していくが、ヒジが伸び切るところで前腕の回内動作を使うことで、手首のスナップが効き、プッシュ動作の最後で水をもうひと押し、押し込んでいくことができる（一旦手のひらが水底を向く）。そこから、素早く手のひらの向きを切り返し（前腕の回外動作）、親指側から抜き上げていこう。

背泳ぎ

ねらい

効率のよいプッシュと楽なリカバリー動作を覚えよう

難易度	★★★☆☆
時　間	30分

» 得られる効果

- **ストローク**
- キック
- 呼吸
- フィジカル
- ターン&タッチ
- スタート
- 浮き上がり

Menu 025 プッシュ&リカバリードリル3種類

やり方

1. リアスカーリングで、プッシュ時にしっかりと水を後ろに押し出す感覚を養う
2. エレメンタリーバックで、脇を締めて行うプッシュ動作を練習する
3. ダブルアームバックを使い、片手よりも両手で行ったほうが高い推進力を得られるので、効率よくプッシュできているかどうかが感じ取りやすい。さらに、両手でリカバリーを行えば、腕を持ち上げすぎないリカバリー動作が覚えられる。

プッシュポジションでのスカーリング（仰向けバージョン）

脇を締めて上腕を固定しヒジを支点にして、前腕から手のひらを動かす。手のひらは足方向へ向けておく意識で、前腕の回内・回外動作を使って手のひらの向きを素早く切り返す動きを養う。動作中に手首が力まないようにすることも同時に学習していこう。

エレメンタリーバック

背泳ぎのプルからプッシュ動作だけを繰り返すドリル。平泳ぎのキックを合わせることで力が発揮しやすくなり、プルからプッシュで動作を加速させていき、推進力を得る感覚をより養える。P63で解説したプッシュ動作のポイントを意識して練習してみよう。

リバースリカバリー

片ほうの腕は体側、もう片ほうの腕は進行方向に伸ばした状態からスタート。そこから、体側側は頭のほうに向かってリカバリー、進行方向に伸ばした腕はそれと反対の動作で腕を体側へ持っていく。この動作をキックを打ちながら繰り返すドリル。リカバリーで腕の力みをなくし重みを感じながら動作することや、振り幅の小さな鋭いキックで姿勢を安定させる感覚を養うことができる。

難易度	★★★★★
時　間	30〜60分

» 得られる効果

- **ストローク**
- キック
- 呼吸
- フィジカル
- ターン&タッチ
- スタート
- 浮き上がり

ねらい

スムーズな入水から効率良く水を捉えるキャッチを覚える

Menu 026 小指入水から水を捉えるまでの動きを学ぶ

小指から入水して素早く手のひらを後ろに向けてキャッチする

入水するときは、次のキャッチ動作に向けて小指側から入水する。手の甲から入水すると水面での抵抗が大きくなり、エネルギーをロスしてしまう。また親指入水もテクニックのひとつだが、水をキャッチするまでにワンテンポ遅れるので、小指入水を基本にしよう。

入水したら、素早く手のひらを後ろに向けて水を捉えよう。そのために、上腕の内旋、前腕の回外動作をほかの泳法同様に行い、小指、薬指、中指に水を当てるようにして水を捉える。しっかりとヒジを立てるためにも、上腕の内旋動作を意識することが大切だ。

キャッチをしたとき、指先とヒジ、そして肩で三角形ができあがるような形ができれば、とても効率良く水を捉えている証拠。手のひらだけではなく、腕全体で水を捉えるように意識してキャッチするようにしよう。

指先・ヒジ・肩の3点を結ぶ三角形を作ってキャッチする

キャッチは手のひらを素早く後ろに向けることで、効率良く水を捉える。そのとき、指先・ヒジ・肩の３点を結んだときの腕の形が、三角形を作るようにすると効果的に水を捉えられる。特に前腕を回外させて、小指、薬指、中指の３本の指に水がしっかり当たるように意識して行うと、この三角形の形が作りやすくなる。

小指から入水することでムダな動作をなくそう

特にスピードを上げたいとき、入水からキャッチ動作への移行はスムーズに行うことがポイントになる。その動作にムダをなくすためにも、小指から入水するようにしよう。プッシュ後、親指から抜き上げてリカバリーしたら、身体のローテーションの動きに合わせて手のひらを外側に向けるのがポイントだ。

ローテーションが入るから肩に負担がかからずキャッチできる

ただ単に、手のひらを後ろに向けたり、腕で三角形を作るだけでは、肩に負担がかかってしまう。そこで、身体に負荷がかからないようにキャッチするために活躍するのが、ローテーション動作。キャッチを行う側の身体をしっかりと沈めることが、肩に負担のかからないキャッチ動作につながるのだ。

ローテーションは、リカバリーをしているほうの身体を持ち上げるのではなく、キャッチを行うほうの身体を沈める意識を持つほうが良い。たとえば、右手でキャッチを行うなら、左側の身体を持ち上げてローテーションするのではなく、右側の身体を沈めるような意識でローテーションを行おう。

背泳ぎ

ねらい

効率よく水を捉えるキャッチを覚える

難易度	★★★☆☆
時　間	30分

» 得られる効果

- ストローク
- キック
- 呼吸
- フィジカル
- ターン&タッチ
- スタート
- 浮き上がり

Menu 027 キャッチドリル2種類

やり方

1. シングルアームバック（体側固定）で入水からキャッチ動作に集中して練習しながら、ローテーションも使えるように練習する
2. ダブルアームバックを使って、両手でたくさんの水を捉えられるかどうかをチェック。片手よりも両手で行ったほうが高い推進力を得られるので、感覚がわかりやすい。
3. スピンアウトでリカバリーやプッシュなどの要素は何も考えず、入水からキャッチだけを素早く行うことだけを意識して行う

シングルアームバック（体側固定）

ストロークを行わないほうの手は体側につけたまま、もう片ほうの手でストロークを行うドリル。ストローク全体の動きを意識して行っても良いが、まずは小指入水から素早く上腕を内旋、前腕を回外させて水を捉えられるキャッチ動作までを意識して行おう。身体のローテーションを行うことも忘れずに。

ダブルアームバック

ダブルアームバックは、キャッチだけではなく、プル・プッシュからリカバリーなど、様々な局面のドリルとして活用できる。ここでは、両手使って大きく水を捉えるキャッチの感覚を養うために利用しよう。入水からキャッチの動作で、水が腕全体で捉えられているかどうかに集中して行う。

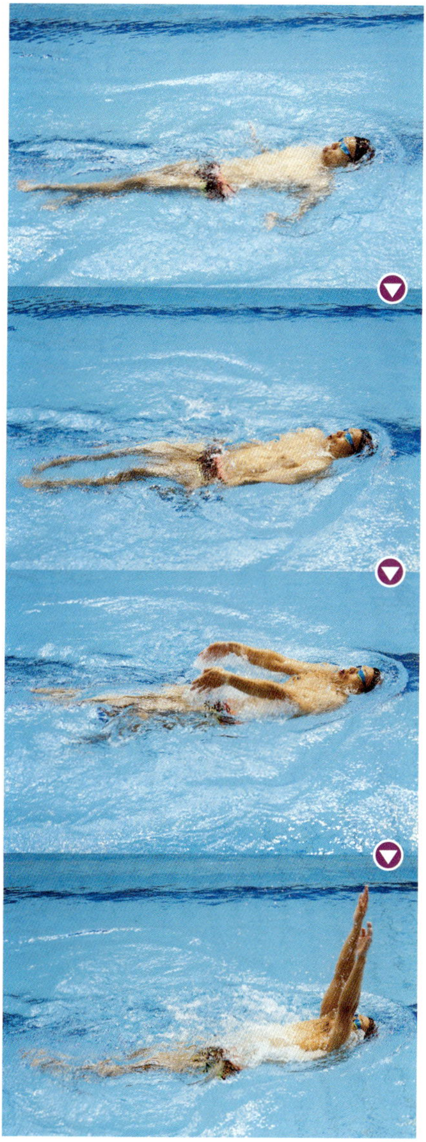

スピンアウト

頭（上半身）を持ち上げて、ストロークテンポを上げて泳ぐドリル。プル・プッシュまでしっかり水を押そうとするとテンポが上がらなくなるので、入水からキャッチの局面に意識を集中して行おう。上体を立てるので、振り幅の小さなキックを鋭く打って身体を安定させることを忘れずに。

ねらい

最後まで蹴りきるキックの基本を学ぶ

Menu 028 ローテーションとキックの関係を確認しよう

難易度	★★★☆☆
時　間	30～60分

» 得られる効果

- ストローク
- **キック**
- 呼吸
- フィジカル
- ターン&タッチ
- スタート
- 浮き上がり

キック動作の基本はヒザ下を柔らかく股関節から動かすこと

クロールのキックと同じ「バタ足」を仰向けで行なう背泳ぎのキック。足首が力まないようにして、ヒザが伸び切るところまで蹴り上げることで、足の甲からスネまでの“面”で水を後ろへ送り出す、しなやかなキックが可能になる。しっかりと蹴り上げに向かって動きを加速させることで、動作の切り返しが起き、蹴り戻しの動作へつなげることができる。注意したいのは、蹴り戻し動作で力んで最初にヒザが曲がってしまう動き。抵抗になるばかりか、水面にヒザが出やすくなり、しっかりと水を捉えたキックを打つことができなくなる。

ヒザが伸び切るまで蹴り上げたら、脚が真っすぐに伸びたまま、臀部の筋肉を意識して股関節から蹴り下ろすこと。大腿部が沈んでからヒザを曲げて蹴り上げ動作へ移行していこう。

必ず水面に向かって真っすぐ蹴り上げる

水面に対して真っすぐに蹴り上げることが背泳ぎのキックの基本だ。これにローテーションが入ることで、自然と内側に向かって絞り込むような効率よく水を捉えるキックが打てるようになる。ヒザから下、特に足首の力を抜くことで、進行方向と反対側に向けて面を作れて、水を後ろに押し出すキックが可能になる。

ローテーションを入れてもキックは真上に蹴る意識を持つ

プルからプッシュ動作に合わせて、身体の左右のローテーションを切りかえる。ストローク動作をプッシュに向けて加速させる動きに合わせて、ローテーションを切りかえる動きも力強くして、入水する側の身体や腕を水中へ沈めていこう。ローテーションで身体が傾いても、キックは水面に向かって真っすぐに蹴り上げる意識を忘れずに。

背泳ぎ

ねらい

推進力のあるキックとローテーションを覚える

Menu 029 キック&ローテーションドリル

難易度 ★★★☆☆
時　間 30分

» 得られる効果
- ストローク
- **キック**
- 呼吸
- **フィジカル**
- ターン&タッチ
- スタート
- 浮き上がり

やり方

1 サイドキックで身体を傾けてもバランスをとる感覚と、キックの感覚を養う

2 気をつけローテーションキックで、ローテーションを入れながらもキックを打ち続ける感覚を養う

3 片手を上げて負荷を掛けた状態で打つ、片手上げキックで力強いキックを身につける

サイドキック

入水とプッシュのタイミングをイメージし、ローテーションで身体を傾けた状態を維持したままキックを打つ。身体が傾いている状態でも、安定した姿勢をキープできるようにする、またそのままでもしっかりと進むキックを打てるようにするためのドリルだ。

気をつけローテーションキック

気をつけの姿勢でキックを打ち、そのまま左右のローテーション動作を行う。身体を左右に切りかえるローテーション自体の動作確認はもちろん、ローテーションを入れたときでも水面に向かって真っすぐ蹴り上げるキックの打ち方を覚えるドリル。ローテーションしたとき、身体の軸が左右にぶれないように気をつけて。頭を沈めて身体を安定させておくことも忘れずに。

片手上げキック

片ほうの手は水面に対して垂直に上げ、もう片ほうの手は進行方向に伸ばした状態を維持してキックを打つ。片手を上げることで身体が沈みやすくなるので、その状態でも身体が沈まないように強いキックを打とう。進行方向に伸ばしている手は、キャッチ直前のイメージで行うと、キャッチ時に身体がどのような状態になり、そこでキックを打つことで身体が安定する感覚を養える。

ねらい

安定した姿勢で泳ぐコンビネーションを学ぶ

Menu 030 姿勢を安定させる方法を覚えよう

難易度	★★★☆☆
時　間	30〜60分

» 得られる効果

- ストローク
- キック
- 呼吸
- フィジカル
- ターン&タッチ
- スタート
- 浮き上がり

下半身を沈みにくくするために頭を沈める意識を持とう

プッシュと入水のタイミングでローテーションを入れること、キャッチで指先、ヒジ、肩で三角形の状態を作り、しっかりと水をとらえることを意識しておこう。

また、背泳ぎは下半身が沈みやすいため、姿勢を安定させることがコンビネーションでは必要不可欠。そのためには、頭を沈めることがポイント。人間の身体の中で、もっとも重たい部位が、頭。この頭を水面から持ち上げてしまうと、首周辺の筋肉に負担がかかり、余計な体力が奪われてしまう。また、頭が上がれば、その分下半身は沈みやすくなるので、抵抗の小さな姿勢を維持するのが困難になってしまう。頭を沈めることで浮力を利用して姿勢を安定させることができるだろう。

Level UP!

耳まで水中に入れると水中で身体が安定する

耳まで水中に入れておくくらい、頭をしっかり沈めておくことが、背泳ぎの姿勢を安定させるポイント。顔に水がかかるかもしれないが、力強くプッシュができていれば、そのタイミングで自然と身体が浮き上がってくる。呼吸はこのタイミングで行うのがベストだ。

背中は仰向けでも腰圧を意識して真っすぐな姿勢を作る

背泳ぎでは身体を浮かそうとすると背中が反りやすくなる傾向がある。仰向けでも腹圧をしっかりと意識するようにしよう。ミゾオチの辺りに重りを乗せるようなイメージを持つと、背中が真っすぐになり、腹筋を使った力強いキックが打てるようになる。背中が反ってしまうと下半身が沈みやすくなるばかりか、ローテーションもしにくくなってしまうので注意しよう。

背泳ぎ

難易度	★★★★☆
時　間	30分

» 得られる効果

- **ストローク**
- **キック**
- **呼吸**
- フィジカル
- ターン&タッチ
- スタート
- 浮き上がり

ねらい

ローテーションの切りかえを中心にコンビネーションを覚える

Menu 031 コンビネーションドリル2種類

やり方

1. ハーフチェンジオーバーを使い、コンビネーションに近い形でストロークとローテーションのタイミングを覚える
2. チェンジオーバーで、さらにコンビネーションに近づけて、ローテーションとストローク動作、そしてキックの打ち方を覚える

ハーフチェンジオーバー

右腕は体側、左腕は進行方向に伸ばし身体を傾けた姿勢でスタート。キックを6〜8回程度打ったら、右腕から動かし（リカバリー動作）、その腕が身体の真上から入水に向かうところで、左腕でストロークを開始し、左右のストロークとローテーションを入れかえる。左腕が体側、右腕が進行方向に伸びた状態でまたキックを6〜8回打ってから、左右を入れかえていく動作を繰り返す。リカバリーから入水する局面と、プルからプッシュの局面を合わせて、ローテーションとストロークのタイミングを覚えていこう。

気をつけキックで頭を沈めて泳いでみよう

背泳ぎの姿勢を安定させるポイントのひとつが、頭を沈めること。耳までしっかり沈めておくと、体重が前方にかかりやすくなり、下半身が浮きやすくなって姿勢が安定する。しっかりと頭を沈めた状態で行う気をつけキックでこの感覚を確認しておくと良い。

チェンジオーバー

ハーフチェンジオーバーと同様の姿勢からスタート。キックを6～8回程度打ったら、ハーフチェンジオーバーと同じようにリカバリー側から動作を開始するが、今度は進行方向に伸ばしていた腕がまた元の位置に戻るように、ワンストロークサイクルを行い、最初の姿勢に戻るところまで行う。この動きを繰り返すドリル。ハーフチェンジオーバーよりもコンビネーションに近い形で、左右のストロークとローテーションの切りかえのタイミングが練習できる。呼吸のタイミングやプッシュからの抜き上げの部分など、意識する場所を少しずつ増やしてコンビネーションへつなげていけるようにしよう。

COLUMN

ストロークやキックの基本は背泳ぎもクロールと同じように考えよう

上下が反転している背泳ぎは、ストロークの細かい動きはクロールと全く異なるように見える。しかし、実はストロークの基本はクロールと何も変わっていないのだ。

クロールのキャッチ、プル、プッシュは、できるだけ抗力を使いたいから直線的に行う。それは背泳ぎも同じ。入水後、手のひらを素早く後ろに向けたら、そこからは直線的にストロークする。あるのは、クロールの場合は身体の前を手が通り、背泳ぎの場合は身体の横を通る、という違いだけ。キックも蹴り下げ、蹴り上げという動作の方向性が変わるだけで、脚の動きは全く変わらない。

もちろん、ローテーションにも同じことが言える。腹圧を入れて体幹部を安定させた状態を保ちながら、身体を左右に傾けて、ストロークやキックに合わせてローテーションを切りかえる。

ローテーションは身体全体を同じように傾けるのではなく、上半身はやや大きく、下半身は小さく傾けるように意識することが大切である。上半身はダイナミックなストロークをするために胸椎（胸の辺り）から身体を傾けるイメージ、下半身はキックを真っすぐに打ち姿勢を安定させることがメインになる。骨盤を傾ける動きで体幹部からパワーを発揮し、上肢と下肢へ力を伝えていくが、キックを打つ方向が骨盤の傾きにつられて、横向きにならないように、股関節の捻転動作を使うことも共通で重要なポイントなのである。このように、キャッチやプッシュ、リカバリーの形に見た目の違いはあるが、基本的なテクニックの考え方は同じなのだ。

第 5 章

平泳ぎ

4種目のなかで、もっとも水の抵抗を受けやすい泳法であるため、
推進力を生み出す動作以上に、水の抵抗をいかに減らすか、
ということが重要になる。
抵抗をなくしつつ、他の種目と共通する動きも理解しながら、
効率よく推進力を得るテクニックを学んでいこう。

ねらい

効果的に水を捉える平泳ぎのキックを学ぶ

難易度	★★★★★
時 間	30〜60分

» 得られる効果

- ストローク
- **キック**
- 呼吸
- フィジカル
- ターン&タッチ
- スタート
- 浮き上がり

Menu 032 たくさん水を送り出せるキックの形を覚える

太ももに当たる水の抵抗を減らそう① 〜ヒザを開きすぎない〜

足を引きつける動作は、抵抗が生まれる動きである。その抵抗を極力少なくするためにも、ヒザの位置を左右に大きく開かないように注意しよう。ヒザの幅は腰幅程度をイメージして、キックを蹴り出す直前に股関節を内旋させ、つま先を外へ向けるようにヒザ下を広げて、足の裏やスネの内側で水を蹴る準備をしよう。

太ももに当たる水の抵抗を減らそう② 〜股関節を曲げすぎない〜

足を引きつけるとき、股関節を意図的に曲げて、太ももを身体のほうに引き寄せるような動きをしてしまうと、太ももの前側に大きな水の抵抗が生まれてしまう。股関節はできるだけ曲げない意識を持って、ヒザを折りたたんで足の引き寄せ動作を行おう。

脚の間の水を後ろへ押し出すように脚閉じに向かって加速させよう

推進力を生み出すキック動作は、引きつけ動作とは反対に、できるだけ大きな面で水を捉えて、後ろへ押していきたい。左右の脚の間にある水を後ろへ押し出していくようなイメージで、脚閉じに向かって動作を加速していけるようにしよう。また、足の裏同士をくっつけるような意識をもっておくと、足先までしっかり伸び、キックを最後まで蹴り切ることができる。キックが推進力の7～8割を占める平泳ぎでは大切なテクニックだ。

“カカトから”ゆっくり動かしお尻に乗せるイメージで

前のページでも記したように、股関節を屈曲させて足を引きつけようとすると、ヒザの位置が下がり、大きな抵抗が生まれてしまう。お尻の筋肉を収縮させて股関節をできるだけ曲げないようにして、かかとをお尻の上に乗せるようにして、ヒザを折りたたんで引きつけるとよいだろう。カカトからの意識を持つことで足首が屈曲し、足の裏が水面を向いて抵抗を小さくした状態で引きつけができる。足先が水面へ向いてしまうと、足の裏で抵抗が生まれてしまうので、“カカトから”の意識は大切なのである。また、引きつけ動作を力んでしまうことも大きな抵抗につながる。足の引きつけの初期動作は、慌てずゆっくりと行おう。とても細かい部分だが、こういった小さな動作の中にも、抵抗を減らせる部分が多く存在しているので、集中して動作習得に取り組もう。

ねらい

抵抗を小さくして大きく進む平泳ぎのキックを覚える

難易度	★★★★★
時　間	30分

≫得られる効果

- ストローク
- **キック**
- 呼吸
- フィジカル
- ターン&タッチ
- スタート
- 浮き上がり

Menu 033 キックドリル3種類

やり方

1. 仰向けキックで、股関節を曲げすぎず、カカトをお尻に乗せるイメージで引きつける動作を覚える
2. プルブイつきキックを使って、ヒザを開かないキックの引きつけ動作を身につける
3. 潜水キックで、自分の引きつけ動作がどれだけ水の抵抗を受けているのかを感じとり、その抵抗を減らすためには、引きつけ動作のどの部分を修正すれば良いのかを見つけ出す

仰向けキック

足を引きつけるとき、太ももを身体のほうに引き寄せるような動きをしてしまうと、水面からヒザが飛び出すような形になり、太ももの前面で大きな水の抵抗が生まれてしまう。お尻を締めて、股関節を曲げないように引きつける動作と、股関節の内旋から足先を外側へ広げて打つキックを学習していこう。

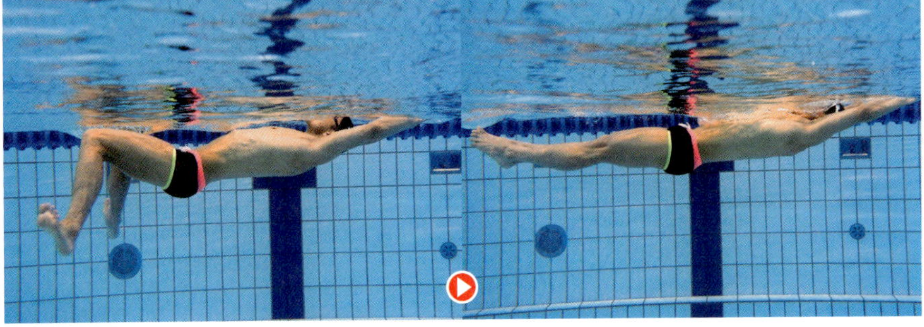

プルブイつきキック

両ももでプルブイを挟んだ状態のまま、平泳ぎのキックを打つドリル。引きつけ動作でヒザが広がってしまうとブイが外れてしまう。ブイが外れないようにヒザの位置に注意して、お尻の上にカカトを乗せる足の引きつけ、股関節の内旋動作などにも意識を向けて練習しよう。

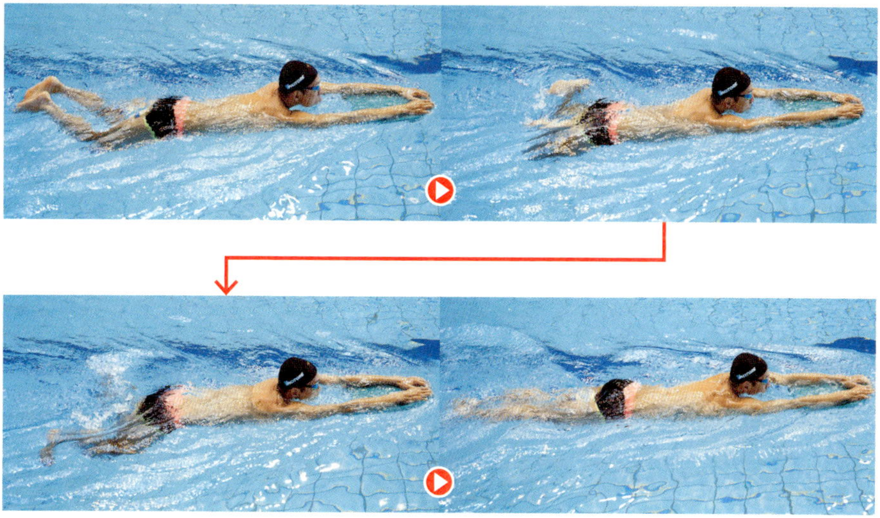

潜水キック

水中でストリームライン姿勢でキックを行うドリル。水面で行うよりも抵抗の有無を感じやすくなるので、効率のよい足の引きつけ方ができているのかを確認することができる。抵抗の小さな姿勢、動きができているかチェックしつつ、推進力を生むキック動作を習得できるように取り組もう。

平泳ぎ

難易度	★★★★★
時　間	30〜60分

» 得られる効果

ストローク
キック
呼吸
フィジカル
ターン&タッチ
スタート
浮き上がり

ねらい

キックの推進力を邪魔しない素早く水を捉えるキャッチを学ぶ

Menu 034 一瞬で水を捉えるキャッチを覚えよう

腕を広げてたくさん水を捉えよう

平泳ぎのストローク動作では、腕を外側へ広げていく動きをアウトスイープ、腕が内側へ移動させる動きをインスイープ、腕を前へ戻す動きをリカバリーと表現する。
ストリームラインの状態から、上腕を内旋させて、手のひらから前腕部を斜め45度くらいの角度にして、肩甲骨から腕をコントロールして外側へ開いていく。推進力を生む動きなので、手のひらだけを使うのではなく、腕全体を使ってたくさんの水を捉えるように意識しよう。腕全体に水を当てて外へ開いたら、ヒジを支点にして前腕を回外させ、ヒジを立てて水を捉える。
腕を外へ広げていく（アウトスイープ）時には、手のひらの親指側で水を引っ掛け、ヒジを支点にして手のひらの向きを切り返したときには、手のひらの小指側で水を捉えよう。前腕の回外動作でヒジが立ったら、そのままの流れでプル動作（インスイープ）へつなげていこう。

前にある扉を開くイメージでキャッチ動作を行おう

手を外側に開くとき、前方にある扉を開き、そのなかに自分が入って行くようなイメージで行おう。ただ手を開くだけではなく、前に進みながら手を開いていく、という意識を持つことが大切なのだ。

ヒジを支点にして前腕を素早く回外させて水を捉える

上腕を内旋させた状態で腕を広げていくことで、手のひらから前腕に水をしっかり当てることができ、身体が前へ乗っていく感覚が得られやすい。広げたところで上腕の動きを一旦固定し、ヒジを支点にして前腕の回外動作を行い、手のひらの向きを内側へ素早く切り返していく。そうすることでヒジが立ち、水をしっかり捉えることができる。手先だけの動きにならないように注意しよう。

キャッチ動作が終わるまでは息を止めておこう

キャッチ動作を行っているときから息を吐いてしまうと、肺の空気がなくなって身体が沈みやすくなってしまう。いくらかき込む動作で身体が浮き上がるとはいっても、肺の浮力を使ったほうが楽に身体が持ち上がる。キャッチ動作では息をしっかり止めておき、かき込み動作に入ったところで、一気に吐くのが平泳ぎの呼吸のポイントだ。

平泳ぎ

ねらい

素早く水を捉えられる手のひらの感覚を養おう

Menu 035 キャッチドリル3種類

難易度 ★★★★★

時 間 30分

» 得られる効果

ストローク
キック
呼吸
フィジカル
ターン&タッチ
スタート
浮き上がり

やり方

1 フロントスカーリングで、手を外側に開く動作、ヒジを立てて水を捉える動作のとき、手のひらに感じる水の感覚を養う

2 ミドルスカーリングで、ヒジを立てた状態でキャッチするときの水の感覚を覚える

3 スクリュースカーリングで、実際の平泳ぎのキャッチ動作に近い形で、手のひらに感じる水の感覚を養う

フロントスカーリング

腕を伸ばした状態でスカーリング。アウトスイープでは手のひらの親指側に水を当てるが、肩甲骨から腕全体をコントロールすることに意識を持ち、広背筋に水の重さを感じるようにする。インスイープでは手のひらの小指側に水を引っ掛け、前腕を回外させる動きでややヒジが立つように、手のひらの向きを素早く切り返す。正面から見て、指先の動きが∞の形を描くようなイメージを持つと良い。

キックの推進力+スカーリングでエネルギー効率のよい泳ぎを

平泳ぎのストロークは、どれだけ大きな力で水を捉えようが、キックで得られる推進力には敵わない。また、平泳ぎは正面から受ける水の抵抗が大きいため、ストローク動作で大きくたくさんの水をかこうとすればするほど、その分抵抗もどんどん大きくなってしまうので、エネルギー効率から言えばムダが多い。そのため、できるだけ少ないエネルギーで効率よく推進力を得ることが、平泳ぎのストロークでは大切なポイントになる。

そこで重要な役割を果たすのが、スカーリング。スカーリングは揚力を使って推進力を生み出す。揚力は抗力と違い、推進力は小さいが、その分消費エネルギーも水の抵抗も少なくて済む。抵抗を減らすことが命題の平泳ぎのストロークにおいては、この少ないエネルギーで効果的に推進力を得られるスカーリング動作は欠かせないのだ。

ミドルスカーリング

ヒジをしっかり立てた状態でキープしておき、前腕を使ってスカーリングする。ヒジを立ててキャッチをしたときの水の感覚を養うことはもちろんだが、前腕の回内、回外動作を覚えるのに最適なドリルだ。

スクリュースカーリング

実際の平泳ぎのキャッチ動作に近い形で、スカーリング動作を行うドリル。手を外に広げるときにはフロントスカーリングのアウトスイープの感覚を思い出し、キャッチのヒジを立てるタイミングではミドルスカーリングの前腕を回外させる感覚を思い出しながら行おう。

ねらい

抵抗を作らずキックの邪魔もしない ストローク動作を学ぶ

難易度	★★★☆☆
時　間	30〜60分

» 得られる効果

ストローク
キック
呼吸
フィジカル
ターン&タッチ
スタート
浮き上がり

Menu 036 身体の前でさばく プルを身につけよう

肩よりも前でストローク動作を終えること

キャッチで水を捉えたら、そのまま素早くプル動作に移行していく。重要なのは“かき込む”動作はない、ということだ。
キャッチした水を身体に向かってかき込むと推進力は得られるが、その分抵抗も増えるので、余計な体力使ってしまう。そればかりか、リカバリーもワンテンポ遅れてしまうので、体重移動がスムーズにできなくなるデメリットもある。
前腕を回外させヒジを立ててキャッチをしたら、親指側で水を切るようなイメージで腕を内側へスライドさせていき、胸の前で両手の小指側と両ヒジを合わせるようにする。そのまま腕の動きを止めずにリカバリー動作へつなげよう。肩のラインよりも前で、すべての動作を終えるような意識をもとう。

腕に身体が近づいていく意識でストロークをしよう

腕を身体のほうへ引き寄せてストロークを行うのではなく、腕に身体が近づいていくようなイメージを持つこと。クロールのストローク動作でも記したが、平泳ぎでも同様の意識を持つことで、かき込みすぎてしまう腕の動きを抑制できるだろう。ヒジの位置が下がり、腕を身体のほうへ引いてしまうと、リカバリーで手を戻す距離が長くなり抵抗が大きくなる。また、リカバリーの戻しが遅れることでスムーズな体重移動もできなくなる。肩のラインよりも前で水を捉えたら、身体が腕のほうへ近づいていくようなイメージで練習を重ねよう。

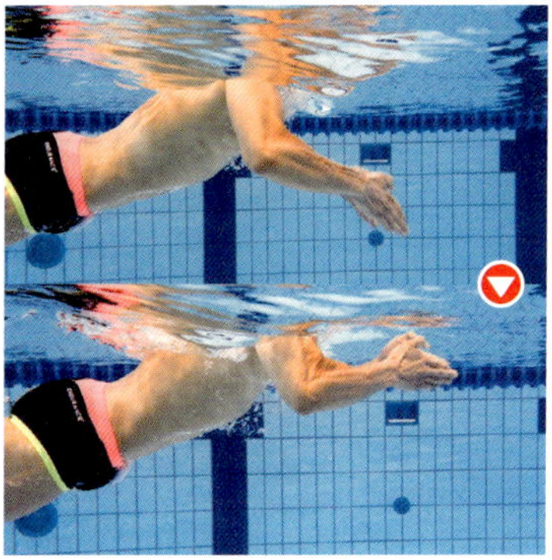

難易度	★★★★★
時　間	30分

» 得られる効果

- ストローク
- キック
- 呼吸
- フィジカル
- ターン&タッチ
- スタート
- 浮き上がり

ねらい

ムダな動きが一切ない スムーズなストロークを身につけよう

Menu 037 プル&リカバリードリル2種類

やり方

1 バタ足平泳ぎを使い、上下動の少ない効率のよいストロークを身につける

2 バタフライキック平泳ぎで、前に重心移動する感覚を養う

バタ足平泳ぎ

バタ足を打ち続けながら、平泳ぎのストロークを行うドリル。平泳ぎのキック動作に比べ、単純なバタ足キックを採用することで、ストローク動作に集中して取り組むことができる。またバタ足キックで体幹を安定させることを覚え、ストローク動作だけでなく、リカバリー時に体重移動をする感覚も養えるように行っていこう。このドリルのときでも、グライド姿勢の時間（キックは止めない）を作ることを忘れずに行おう。

Arrange

シュノーケルを使った平泳ぎドリル

呼吸動作を入れずに泳げるため、ストロークの動作や真っすぐな姿勢を作る練習に欠かせない道具である、シュノーケル。平泳ぎは、ストローク動作のなかに呼吸動作が組み込まれているので、シュノーケルを使う必要はないと思いがちだが、あえてシュノーケルを使って平泳ぎを泳ぐドリルもおすすめだ。

目的は、身体を起こす角度を小さくするためだ。シュノーケルをつけて泳ぐと呼吸動作を意識しないので、自然と身体を起こす角度が小さくなる。平泳ぎでも、抵抗の少ない姿勢作りに役立つシュノーケルドリルは、道具があればぜひ取り入れてみよう。

バタフライキック平泳ぎ

平泳ぎはバタフライと同様に体重移動がとても大切。その体重移動を感じやすくするために、平泳ぎのキックではなく、バタフライキックを採用するドリル。リカバリーで腕を前に戻していくタイミングで、バタフライキックを打ち下ろすことで、斜め下へ体幹を沈み込ませることができ、グライド姿勢で前へグッと進む感覚を得ることができる。ストローク動作は、アウトスイープは大きく、キャッチからリカバリーまではコンパクトに素早く行えるようにしよう。

ねらい

効率よく進むための キックを引きつける・打つタイミングを学ぶ

難易度 ★★★★☆
時間 30〜60分

» 得られる効果
- ストローク
- キック
- 呼吸
- フィジカル
- ターン&タッチ
- スタート
- 浮き上がり

Menu 038 平泳ぎはキックでタイミングをとろう

足を引きつけ始めるタイミングはリカバリーが終わった直後

平泳ぎのキックの足を引きつける動作は、リカバリーが終わった直後に開始しよう。ストロークと呼吸動作によって上半身が水面上へ上がったとき、下半身が沈みやすくなるが、お尻の筋肉を締める意識で脚の位置ができるだけ下がらないようにする。引きつけの初期動作を力まないように、慌てずにタイミングを合わせていこう。

キックを蹴り始めるのはストリームラインの姿勢を作った瞬間

足を引きつけたら、股関節を内旋させて素早く蹴り出そう。タイミングとしては身体が前に倒れて、上半身がストリームラインの形になった瞬間になる。ただ、蹴り出しのタイミングを計るというよりは、ストロークと足を引きつけるタイミングを合わせたら、あとはキック動作を止めることなく最後まで一気に行うとよいだろう。ポイントは蹴り始めるときには上半身を抵抗の少ない姿勢にしておくことだ。

目線を前ではなく斜め下に向けて泳ごう

毎ストロークごとに、上半身が持ち上がる平泳ぎ。この上半身の角度が大きくなればなるほど、前面から受ける水の抵抗が大きくなってしまうため、極力浅い角度を維持したい。そこで、身体が浮き上がったときに目線を前に向けるのではなく、リカバリーしている手を見るようにしてみよう。すると、身体の角度が自然と抑えられて、抵抗の少ない形を作り出すことができる。

ストロークがコンパクトだからこそキックとのタイミングが合う

水をキャッチしてプルが終わるまでは、下半身は真っすぐな状態をキープ。リカバリーが終わるタイミングで脚を引きつけ始めて、上半身が抵抗の少ないストリームラインの姿勢を作ったと同時に蹴り出す。これがコンビネーションの流れだ。
キックを打ち始めるのはリカバリーが終わってからなので、ヒジを後ろに引き過ぎたり、かき込み過ぎたりしてストローク動作に余計な動きが加ると、下半身を水面近くで維持し続ける時間が長くなってしまう。下半身をずっと真っすぐな状態をキープしておくのは難しく、脚を引きつけるタイミングが早くなりやすい。結果として、手と脚のタイミングがずれてコンビネーションに悪い影響を与えてしまう。インスリープからリカバリーの動作はコンパクトに素早く行うことが、抵抗の少ないスムーズな泳ぎにつながるのだ。

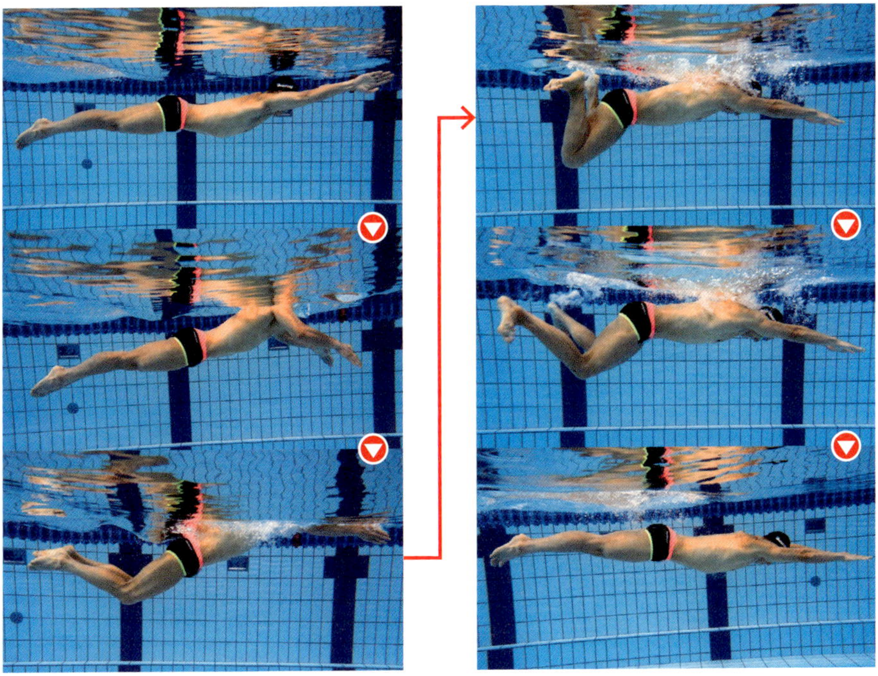

平泳ぎ

ねらい

キックとストロークのタイミングを合わせる方法を学ぶ

難易度	★★★★★
時　間	30分

» 得られる効果

ストローク
キック
呼吸
フィジカル
ターン&タッチ
スタート
浮き上がり

Menu 039 コンビネーションドリル2種類

やり方

1 セパレートスイムでストロークとキックを別々に行い、ストローク動作とキック動作のタイミングが一緒にならない感覚を覚える

2 コンビネーションの間に1回キックを挟む、2キック1スイムを使って、キックとストロークのタイミングを覚える

セパレートスイム

完全にストロークを終えてからキックを打つ、というように、ストロークとキックを別々に行うのが、セパレートスイム。

理想のコンビネーションは、リカバリーが終わった直後に脚を引きつける。つまり、ほぼストロークとキックは別々に行うということ。平泳ぎが進まない理由の多くは、このタイミングがずれて、ストロークがまだインスイープ動作中なのにもかかわらず、足を引きつけて抵抗を大きくしてしまうことにある。これではせっかくキックで得た推進力をかき消してしまう。まずはストロークとキックを極端に切り離して、身体にタイミングを覚え込ませていこう。ストロークが完全に終わるまで、下半身を水面近くでキープさせることを忘れずに行うこと。

2キック
1ストローク

通常のコンビネーションの後に、水中でグライドキックを1回入れ、またコンビネーションへつなげていく、を繰り返すドリル。コンビネーションの間に1回キックが挟まることで、キックとストロークのタイミングをはかりやすくなる。また、グライド時に抵抗の小さな姿勢が作れているか、推進力があり、抵抗が少ないキック動作ができているかなどにも意識を向けて行えるようにしよう。

Arrange

2キック1スイムはバタフライキック+平泳ぎでもOK

通常の2キック1ストロークの、コンビネーションをバタフライキック平泳ぎにして、水中でのグライドキックは平泳ぎのキックで行うドリルもトライしてみよう。バタフライキックを採用することで、テンポを上げてドリルワークを行うことができるので、スピードを出しながらストロークとキックのタイミングを学習できる。また、体重移動によって身体が斜め下へしっかり沈み込むので、水中グライドキックへスムーズにつなげることができる。

COLUMN

まずは抵抗を減らすことを考えてからパワーのことを考えよう

特に男子の平泳ぎは、世界的な流れとしてとてもスピード化が進んでいる。平泳ぎの推進力の約7割がキックだとはいえ、ストロークを使って進む考え方も浸透し始めている。

しかし、ストロークでたくさんの水を捉えて、かき込み、高い推進力を生み出そうとすればするほど抵抗は大きくなる。そのため、ストロークでも大きな推進力を得ようとするならば、その抵抗に打ち勝つための高いパワー（筋力）が必要になってくる。ただ、パワーを使って進む平泳ぎも、抵抗をできるだけ少なくする基本となる泳ぎができてこそ、その動作が生きると言える。

だからこそ、まずは抵抗を小さくし、キックでしっかりと推進力を得られる泳ぎを身につけることが大切。それができた上で、ストロークでどうしたら大きな推進力を生み出すことができるのかを考え、筋力を向上させたり、コンビネーション（泳ぎ）を変化させたりしていくと良いだろう。

身体機能の向上を試みずに、ストロークで進むという考え方を採用すると、マイナスに働く可能性が大きく、トップスイマーの泳ぎを形だけマネしても速く泳ぐことは難しい。平泳ぎでは受ける水の抵抗の量と推進力、そして、この推進力を生み出すための筋力やテクニック、それらをバランスよく考慮した泳ぎ作りをすることが必要になってくると言えるだろう。

第６章

壁際テクニック

４泳法それぞれのテクニックに
負けずと劣らないほど大切な技術があります。
それが、スタート・ターン・タッチといった周辺技術。
これら周辺技術は、細かい動作の意識と反復練習でどんどん向上します。
そのポイントと練習法を紹介していきましょう。

ねらい

バックプレートを効果的に使う クラウチングスタートをマスターしよう

難易度	★★★☆☆
時　間	30分

≫得られる効果

- ストローク
- キック
- 呼吸
- フィジカル
- ターン&タッチ
- **スタート**
- 浮き上がり

Menu 040 飛び出すまでの脚の使い方がポイント

スタート台の蹴り方を覚えて重心移動を使い勢いよく飛び出す

スタート台にバックプレートが採用されてから、スタート動作で今まで以上に高い加速度を得られるようになった。しかし、加速が増えた分、少しでも空中姿勢や入水角度が崩れると抵抗が大きくなり、せっかく得ることができた勢いを生かしきれない。また、スタート動作での脚の使い方を間違えると、得られるはずの加速度も小さくなってしまうので注意したい。

クラウチングスタートは、後ろの足でバックプレートを強く蹴り、重心を前に移動させて勢いをつける。その後、前の足でスタート台を強く蹴る。このように、２段階で加速する局面を作ることが重要だ。そして前の脚で飛び出すとき、後ろで蹴り出した勢いを生かすには、前の脚の裏側（ハムストリングスやふくらはぎ）と臀部の踏ん張りが重要なポイント。この２つの筋力をつけ、使えるようにすることが、勢いよくスタートで飛び出す力につながるのだ。

また、スタート台を腕で強く引きつけると、蹴り出す力に加えてさらに勢いをつけられる。ただ、空中姿勢の取り方が難しいので、腕を使う方法は何度もイメージを重ねて練習するように心がけよう。

入水後は、クロールやバタフライであれば、ワンテンポだけストリームラインの姿勢を維持しておき、その後にバタフライキックを打ち始める。すぐにキックを打つと、入水したときの勢いを止めてしまうので注意しよう。

身体を引きすぎないように素早く飛び出せる姿勢で構える

構えるときに後ろに身体を引きすぎてしまうと、後ろの脚のヒザの角度が90度よりも狭くなることで、ヒザ関節の伸展に時間がかかり、力が発揮しづらくなる。さらに、後ろに引いた分、前へ重心移動させる時間もかかってしまうので、ヒザの角度に注意を払いながら構えるようにしよう。プレートからカカトを出すくらいの位置に足を置くと足首の力も使うことができる。

「後ろから前」の順番で力を伝えスタートする

後ろの足で、バックプレートを蹴って前に重心移動させてから、前足でもスタート台を蹴り飛び出すのがバックプレートスタートの基本。バックプレートを臀筋群で力強く蹴り出せるように臀部を強化し、蹴り出す練習を何度もしておこう。スタート台を腕で引くタイミングは、後ろ脚で蹴り出すタイミングと同じだ。

どちらの脚を前にするかは両方試してみよう

クラウチングスタートで、最初に力を発揮するのは後ろ側に引いた脚。そのため、利き脚を後ろにするのがおすすめだ。
ただ、それは個人によってバランスの取り方は異なるので、左右両方試してみて、浮き上がりまでのタイムを計ってみる。単純に記録が速いほうが、勢いよく飛び出せている証拠になるので、どちらのほうが良い、というわけではなく、自分がもっとも速く飛び出せる構え方を見つけ出してみよう。

クラウチングスタート

ねらい

勢いよく飛び出せるクラウチングスタートを覚える

難易度 ★★★★★
時間 30分

» 得られる効果
ストローク
キック
呼吸
フィジカル
ターン&タッチ
スタート
浮き上がり

Menu 041 クラウチングスタートドリル3種類

やり方

1 まずは両脚でしっかりとスタート台を蹴って飛び出せるように、グラブスタートで練習する
2 しゃがみ姿勢からのスタートで、重心の移動と前方へ飛び出す感覚を養う
3 ワンレッグスタートで、前の脚でハムストリングスや臀部で身体を支えながら、コース台を蹴る感覚を養う

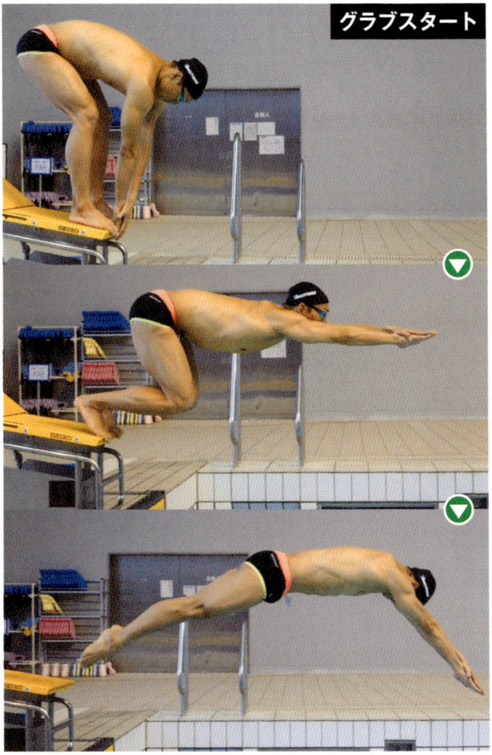

グラブスタートのポイント1

スタートの基本は、スタート台を強く蹴り出すこと。まずは両脚を揃えてスタートするグラブスタートで、しっかりと両脚で強く飛び出せるように練習しよう。クラウチングスタートのテクニックを向上させるためには、両脚でのスタートもしっかり飛べるようにしておこう。
両脚を腰幅に広げて構え、頭を振り上げて前を見るようにして、重心を前方へ移動させてから、力強くスタート台を蹴る。重心の移動ができていないと、上方向へ飛び出してしまうので、「前へ」の意識を強く持って練習しよう。

グラブスタートのポイント2

垂直跳びをするときの足の形を思い出してみよう。高く跳ぶための、足の幅、ヒザや股関節の角度がわかるだろう。スタートもこれと同じで、両脚をくっつけて構えたり、ヒザや股関節を曲げ過ぎたりすれば、力が発揮しにくくなる。スタートは構えが命。そのくらいの意識を持って練習に取り組もう。

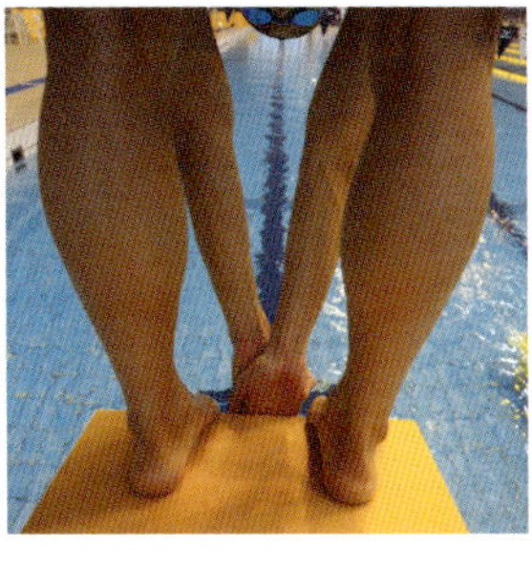

しゃがみ姿勢スタート

プールサイド（またはコース台）で、しゃがんだ姿勢を作る。その姿勢のままプールへ倒れ込むようにして、前へ重心を移動させる。身体がプール側へ出たら、曲げていたヒザと股関節を一気に伸展させて、前方へ鋭く飛び出していく。飛び出したあとも、空中で素早くストリームライン姿勢をとれるように意識して行うとよい。重心移動をしながら前方へ飛び出す感覚を養って、身につけていこう。

ワンレッグスタート

クラウチングスタートで、前脚のみで身体を支え、飛び出していく局面をイメージして行う練習方法。まず、コース台の横にビート板を重ねるなどして、手を置いて姿勢保持の補助をできる台を作る。台と台の間に立ち､片脚でスタートの姿勢を作る。このとき両サイドの台に手を置いて、補助しながら姿勢を作っていく。指導者や練習パートナーがいる場合は、後ろ脚も手で持って支えてもらうとよい。前脚のヒザの角度が曲がりすぎないように注意して、臀部とハムストリングスで身体の重みをしっかりと感じながら、前へ倒れていく。身体がプール側へ倒れたところで、前脚でしっかり蹴って、ストリームライン姿勢で入水していく。重心移動と前脚で蹴る感覚を養い、臀部やハムストリングスの使い方を学んでいこう。

ねらい

バサロスタート

勢いよく飛び出せる背泳ぎのスタートを学ぶ

難易度	★★★★★
時　間	30分

≫得られる効果

ストローク
キック
呼吸
フィジカル
ターン&タッチ
スタート
浮き上がり

Menu 042 力強く蹴り出す構え方の基本を覚えよう

背泳ぎのスタートも重心移動をしてから蹴り出そう

背泳ぎのスタートは、スタートの合図で、最初に後ろを見るようにして頭を反応させ、上半身を後方へ倒して重心移動をしてから、力強く蹴り出していく。

指を少し水面から出すように壁に足を置き、スタートバーを握る。ヒジを曲げ、脇をしっかり締めて、背すじを真っすぐにして構える。構えの際に、脇が開いてしまうと、力が入りにくく身体を安定させることが困難になるので注意しよう。足幅は腰幅に、ヒザの角度は90度を目安にしよう。お尻が壁に近づきすぎると、ヒザの角度が小さくなるため、ハムストリングスが使えず、強く蹴り出すことができにくくなる。上半身を後ろに倒し飛び出していくとき、足腰をしっかり踏ん張っておくことで、臀部（腰）の位置を水上にキープさせておくことができ、勢いよく後方へ飛び出していける。臀部の位置が水中へ下がってしまうと、背面で水を引きずり、水上へ勢いよく飛び出すスタートができなくなるので注意したい。飛び出したら背面で弧を描き、ストリームラインで指先から入水。入水後もストリームライン姿勢を維持し、ワンテンポ伸びてからバサロキックを打ち始めよう。

壁に身体を引きつけすぎると飛び出しに時間がかかってムダが生まれる

構えたとき、身体を壁に近づけすぎると、ヒザが90度以上に曲がってしまって力を発揮しにくくなり、飛び出しに時間がかかってしまう。さらに、蹴り出すまでに時間がかかると、重力によって腰が落ちてしまうので、きれいに水の抵抗を受けない飛び出しをすることができなくなる。壁にお尻を近づけすぎないように注意しよう。

ヒザは90度を保ち上半身は真っすぐな姿勢で構える

スタートバーを引き、身体を壁に近づけるときでも、素早く力を発揮して飛び出せるようにヒザは90度をキープしておく。また、後方に重心移動しやすくするために、背筋は伸ばして上半身を真っすぐな状態にしておくのもポイントだ。足先を水面から出すと骨盤の位置が高くなり、より後ろに勢いよく飛び出せるのだが、そのためには上半身の筋力と素早く後ろに重心移動するテクニックが必要になる。

ねらい

重心移動をしてから飛び出せる背泳ぎのスタートを学ぶ

Menu 043 背泳ぎスタートドリル2種類

難易度	★★★★★
時　間	30分

» 得られる効果
- ストローク
- キック
- 呼吸
- フィジカル
- ターン&タッチ
- **スタート**
- 浮き上がり

やり方

1 水面から腰が出るくらいまでの台を用意し、そこから背泳ぎのスタートの形で飛び出す、逆イルカ飛びで身体を反らせながら入水する感覚を養う

2 水面からヒザが出るほどの台をスタート台に近づけてその台からスタートする、逆イルカ飛びスタートで、重心移動してから蹴り出す感覚を覚える

逆イルカ飛びのポイント

きれいに入水するには、身体を反らせる動作が必要になる背泳ぎのスタート。水面から腰が出るくらいの位置で構えて、イルカ跳びを背面側で行うイメージで、頭から倒して水面へ飛び出し、背中で弧を描いて入水していこう。背泳ぎのスタートの重心移動と空中姿勢、入水の感覚を学習することができる。入水後に素早く姿勢変換（背中が真っすぐなストリームラインに戻る）をしないと深く入水しすぎてしまうので注意しよう。

バックストロークデバイスを活用しよう

2015年から採用され始めた、バックストロークデバイス。スタート台にバックプレートがついたときと同じように、このバックストロークデバイスを活用すると、今まで以上にスタートで勢いよく飛び出すことができる。
スタート台から二等辺三角形の形をしたデバイスがぶら下がっており、これに足のつけ根（拇指球や小指球）を乗せて構えることで、足が滑ったり、スタートバーを離したときに身体が沈みにくくなる効果がある。
注意したいのは、足の指は必ずタッチ板（壁）についていなければならない、というルール。バックストロークデバイスに足を乗せ、タッチ板に足がついていないと失格になるので注意しよう。

逆イルカ飛びスタートのポイント

ヒザが水面から出るくらいの台を用意して、その台の上に立った状態でスタートバーを握り、通常の背泳ぎのスタートと同じような感覚で飛び出すドリル。スタートバーを離したときに身体が下に沈むことはないので、手を離したら、頭、上半身の順番で後ろに倒していき、後ろに重心移動が行われてから蹴り出す感覚を養おう。足を台に乗せた構えでも、脇を締めて構え、ヒザの角度や背中のラインにも注意して行うこと。

ねらい

素早く加速しながら回るクイックターンを覚える

Menu 044 回転する瞬間で減速しない方法を覚える

難易度 ★★★★★

時　間 30分

» 得られる効果

- ストローク
- キック
- 呼吸
- フィジカル
- **ターン&タッチ**
- スタート
- 浮き上がり

ターン前の動作と回転の方向に気をつけよう

クイックターンの原則は、真っすぐ入って、真っすぐ蹴り出すこと。途中で曲がったり、斜めに蹴り出したりするとロスが大きい。必ず直線的に壁に向かい、直線的に蹴り出そう。

注意したいのは2点。ひとつは、ターン前に泳速を落とさないこと。クイックターンは、泳速の勢いを利用して回転する。泳速が速ければ回転速度は速くなるが、逆に泳速が遅ければ回転速度も遅くなる。壁に向かって加速するようなイメージを持ち、回転する前に気をつけの状態で待つことがないように、泳ぎの勢いを保ったまま回転に入ろう。

もうひとつは、できるだけ速く壁に足を着くこと。そのためには回転軸を2つ作るように意識するとよい。上半身を丸めるために胸のあたりに回転軸をひとつ作り、その後に行うヒザを素早く折りたたむ動きを、もうひとつの回転軸とする。ヒザを素早くたたむことで足が直線的に壁に向かっていくので、壁に足をぶつけるようにつくとよい。そして、足が着いたら素早く蹴り出せるように、ヒザの角度は90度であることが理想だ。そして、クロールのクイックターンでも上向きに足を壁につけると、ターン時間を短縮することが可能になる。そこから蹴り出しながら身体を捻って、下向きのストリームラインの姿勢を作る。この一連の動作をどれだけ素早く行えるかが、クイックターンのポイントとなる。

上を向いた状態で足をつき捻りながら蹴り出す

足を壁につけるまでの時間を短くすることで、クイックターンは素早く行える。そのためには、回転しながら身体を捻るのではなく、回転を一度終わらせてから、蹴り出しながら捻って姿勢を戻したほうがよい。蹴り出しながら身体を捻る動作は繰り返しの練習が必要だが、回転の速さを考えれば、この足のつき方がベストなのだ。

回転軸を2つ作り素早く足を壁に持っていく

胸から丸めるような意識で上半身を回転させ、その後にヒザを素早くたたむ動きで下半身を回転させて足を壁につけよう。コツは、上半身を丸め込んだときに、ハムストリングス（モモの裏側）がストレッチされたような状態を作り出すこと（ひらがなの“つ”の字を全身で作るイメージ）。その伸ばされたハムストリングスを一気に収縮させるようにヒザを素早くたたみ、下半身を回転させて足を壁にもっていく。伸ばされたゴムが一気に縮むような感覚で、ハムストリングスを使えるとよいだろう。２つの回転動作を意識して行うことで、本当の意味で“クイック”ターンとなる。

壁際テクニック

難易度	★★★★★
時　間	30分

» 得られる効果

- ストローク
- キック
- 呼吸
- フィジカル
- **ターン&タッチ**
- スタート
- **浮き上がり**

ねらい

バタフライキックを利用するクロールの浮き上がり動作を覚える

Menu 045 減速せずに泳ぎにつなげよう

壁を蹴った勢いをなくさず泳ぎにつなげるのが浮き上がり

水泳は、壁を蹴ったりスタートして飛び込んだりした瞬間が、もっともスピードが速い。そのスピードをいかに落とさずに泳ぎにつなげるのかが、浮き上がりのポイントだ。

壁を蹴ったら、抵抗の少ないストリームラインの姿勢を作り、バタフライキックを打つ。水中でバタ足を打つよりもバタフライキックのほうがスタートやターンで得たスピードを落とさず、速度を維持したまま進むことができるからだ。ただし、バタフライキックでも振り幅が大きくなれば減速を生む。細かく鋭く打つことは忘れないようにしよう。

バタフライキックからクロールにつなげる動作だが、ギリギリまでバタフライキックを打つのがコツ。浮き上がる瞬間、最初にかき始める手のキャッチ動作に合わせて最後のバタフライキックを打ち、キャッチで水を捉えたらバタ足に移行し、クロールで泳ぎ始める。浮き上がる距離は、単純に15メートルまでのタイムを計るとよい。自分がもっとも速く15メートルを通過できる、浮き上がりの場所を見つけ出そう。

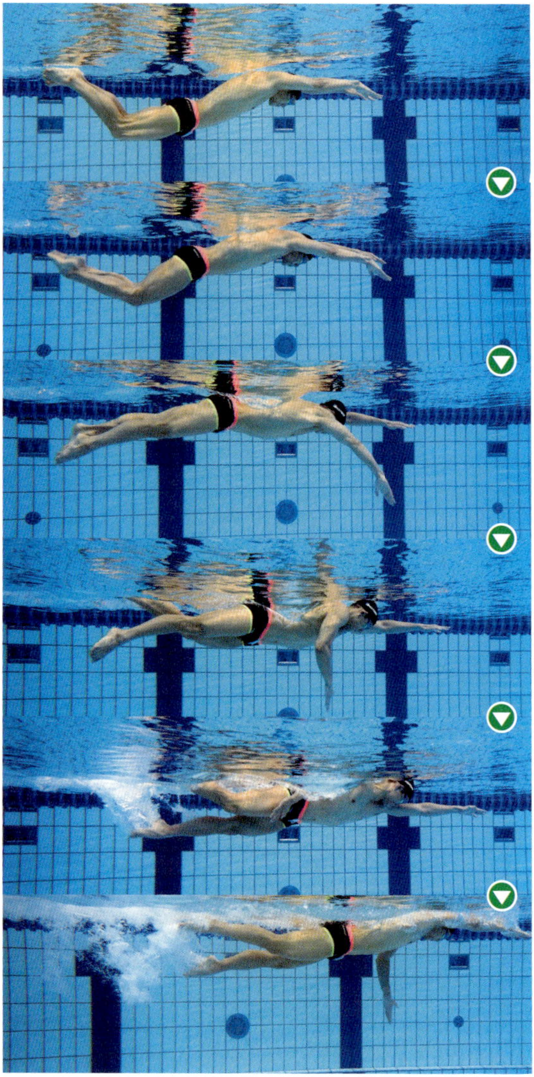

力を出しやすいほうの腕でかき始めすぐに呼吸はしないことが大切

浮き上がりのストロークで大切なポイントは、利き腕からかき始めること。最初のひとかきでスピードに乗るためには、力強いキャッチが必要。自分が力を発揮しやすいほうの腕から、ストロークを始めよう。
もうひとつ、気をつけたいのはひとかき目で呼吸をしないこと。呼吸動作はスピードを落としてしまいやすい動作なので、右手でかき始めるならば、せめて次の左手のストロークで呼吸しよう。できればもう１ストロークは我慢して、右手が２回目のストロークをするところで呼吸しよう。

最初のひとかき目のキャッチはバタフライキックで行おう

浮き上がるときは、最初のストロークのキャッチ動作にバタフライキックを合わせるようにしよう。強いバタフライキックとキャッチ動作を合わせることで、力が発揮しやすくなり、ひとかき目から前方へ重心を乗せたストロークができるようになるからだ。ストロークを開始したら、キックをバタ足に切りかえていくが、この瞬間にバタ足キックの振り幅が大きくならないように注意したい。
少し難しいテクニックだが、練習中のすべての浮き上がり局面で何度も試して、動作を身につけていこう。

壁際テクニック

ねらい

回転前の減速を最小限に抑える背泳ぎのクイックターンを覚える

Menu 046 回転前に素早く身体を反転させよう

難易度	★★★★★
時　間	30分

» 得られる効果

- ストローク
- キック
- 呼吸
- フィジカル
- **ターン&タッチ**
- スタート
- 浮き上がり

オーバーローテーションをするようにして勢いよく身体を切りかえよう

リカバリーしているほうの手を、顔の前を通すようにして反対側に持っていき、身体を仰向けからうつ伏せに切りかえる。回転する動作にすぐつなげられるタイミングで、身体を切りかえよう。オーバーローテーションをするようなイメージで、水をかいているほうで生み出す推進力と、リカバリーで手を前に戻す勢いを合わせると身体はきれいに切りかわる。

回転前に減速しない切りかえが
素早い背泳ぎのクイックターンにつながる

背泳ぎのクイックターンは、仰向けの状態から一度うつ伏せになってから行う。ポイントになるのは、このうつ伏せに身体を切りかえるところで減速させないこと。

しかし、壁までの距離は5メートルフラッグで確認できるものの、うつ伏せで泳ぐ3種目とは違い、視覚で壁との距離感を確認することはできないため、うつ伏せになるタイミングの調整は、何度も練習をしてつかんでいくしかない。5メートルフラッグを通過するときが左右のどちらの腕なのか、何回のストロークでうつ伏せになったら壁との距離を合わせられるのか、しっかりチェックをしながら身体に覚え込ませていこう。素早く身体を切りかえるには、オーバーローテーションをするような勢いで、リカバリーをしている手を身体の内側に持ってきて一気に切り替えてターンに移る。あとは、上半身、下半身に2つの回転軸を作って素早く回転。仰向けで足が壁についたら、そのまま素早く蹴り出してバサロキックで浮き上がり動作に入ろう。

難易度	★★★★★
時　間	30分

» 得られる効果

- ストローク
- キック
- 呼吸
- フィジカル
- ターン&タッチ
- スタート
- 浮き上がり

ねらい

バサロキックからスムーズに浮き上がる流れを学ぶ

Menu 047 バサロキックを利用して浮き上がる

水中で効率よく進めるバサロキックを活用しよう

背泳ぎの浮き上がりは、バタフライキックを仰向けで行うバサロキックを活用しよう。胸から上をできるだけ固定して抵抗の少ない姿勢を作り、ミゾオチ辺りからうねるようにしてバサロキックを打つ。できれば15メートルまでバサロキックで進むほうがよいが、自分が10メートルで浮き上がったほうが速いのであれば、無理に15メートル潜る必要はない。

キックを切りかえるタイミングは、クロール同様、最初にかき始めるほうの手のキャッチ動作に合わせて最後のバサロキックを打ち、すぐにバタ足に切りかえよう。水面を見ながら浮き上がり動作を行えるので、急な角度で飛び出さないように気をつけて、水面に向かって勢いよく浮き上っていこう。

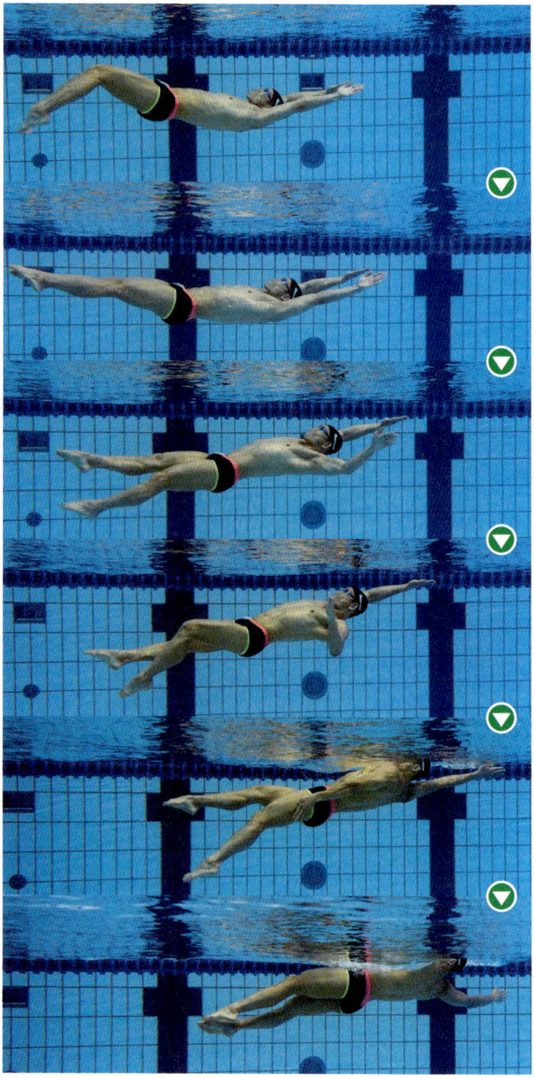

バサロキックは前面から受ける抵抗を減らそう

水中を進むバサロキックは、壁を蹴ったりスタートしたときの勢いを落とさずに進むことができるテクニック。注意するのは、力強く蹴ることよりも、前面から受ける水の抵抗を極力減らすことだ。
特にキックがヒザ下だけの動きになってしまったり、上半身が上下に大きくぶれてしまったりすると、抵抗が増えて減速を招きやすい。胸から手先までは真っすぐに固めておく意識でストリームラインをつくり、胸から脚が生えているようなイメージで、腹筋の上部からバサロキックが打てるとよいだろう。強い蹴り上げと内ももを絞る意識も忘れずに。

バサロキックも使って最初のキャッチで水を捉える

バサロキックの勢いを使って、ひとかき目のキャッチでしっかりと水を捉えよう。バサロキックとひとかき目のかき出しを合わせたら、バタ足に切りかえ、プルからプッシュ動作のところで水面へ顔を出す。バタ足に切りかえた瞬間の振り幅が大きくならないように注意しよう。プッシュのところでローテーションを入れて力強く水を押し、顔と同時にプッシュした側の肩も水面に浮き上がってくるような形になるのが理想的。前に伸ばしているほうの腕は、浮き上がったら素早くキャッチ動作へ入ろう。

ねらい

小さく回転するバタフライのタッチターンを学ぶ

Menu 048 タッチした瞬間に身体をコンパクトにしよう

難易度	★★★★★
時 間	30分

» 得られる効果

- ストローク
- キック
- 呼吸
- フィジカル
- **ターン&タッチ**
- スタート
- 浮き上がり

タッチをしたら素早く片手を引く

身体が水平のままタッチターンを行うと、身体の真正面から水の抵抗を受けることになり、素早く回転することができない。抵抗を減らすためにも身体を横に向ける必要があるのだが、そのためにタッチしたらすぐに片手（写真は左手）を引くようにしよう。

手を引く動作が遅くなると、身体を横に向ける時間がかかってしまうので、壁に手をついた瞬間に、素早く片ほうの手はヒジから脇を締めるように引きつけよう。

タッチした瞬間に身体をコンパクトにして回転する

両手で壁に手をついてから、ターンするバタフライのタッチターンは、壁への手のつき方がポイント。バタフライは、両手同時に手をつくことはルールで定められているが、必ずしも水平である必要はない。そこで、真っすぐ水平に手をつくのではなく少し上下にずらすと、タッチ後に身体を横にして素早く回転できる姿勢を作りやすくなる。
写真のように、タッチ後に左手を引いて左側を向いて横になる場合、左手を少し右手よりも下にしてタッチする。すると、タッチした瞬間に左手を身体のほうに引きつけやすくなり、素早く身体を横に向けることが可能だ。その動作に合わせて、太ももをお腹に近づけるようにして身体をコンパクトに折りたたみ、小さく横回転する。真横を向いて壁に足をついたら、壁を蹴り出しながら身体を捻って下を向く。
クイックターンと同様に、壁に足がついたら素早く力強く蹴り出せるように、ヒザの角度は 90 度、足の幅は腰幅に開き、壁に足がつくようにするとよい。

太ももをお腹に近づけて身体をコンパクトにして回転する

片ほうの手を引いたら身体を横に向け、太ももをお腹に近づけるようにしてコンパクトに折りたたもう。ターン前に減速していなければ、泳速の勢いで足を楽に引きつけられる。
身体をコンパクトにしたら、壁に手をついているほうの手で、スナップを効かせるように壁を押して回転する。上半身は壁を押す力で進行方向に力が加わり、下半身は足を引きつけた勢いで壁に向かって力が加わる。そして、おへそあたりを回転軸にして、頭と足を入れ替えるのが、理想的なタッチターンだ。

ねらい

身体の浮力も利用して勢いよく浮き上がる感覚を覚える

難易度	★★★☆☆
時　間	30分

» 得られる効果

- ストローク
- キック
- 呼吸
- フィジカル
- ターン＆タッチ
- **スタート**
- **浮き上がり**

Menu 049 第1キックとキャッチで浮き上がる

第2キックとプッシュを合わせて勢いよく浮き上がる

バサロキックと同様に15メートルまでの潜水制限があるが、ギリギリまで潜るのか、手前で浮き上がるのかは、各自の心肺機能の強さやキックテクニックのうまさによって決めればよい。

浮き上がり局面から、バタフライのコンビネーションと同じように、ストロークに第1キックと第2キックを合わせていく。ストリームラインでのバタフライキックから、両腕（両手）のロックを外してバンザイのストリームラインになった瞬間にキックを1回合わせる（コンビネーションでいう第1キック）。その流れでストロークを開始して、プルからプッシュの局面で第2キックを入れて、コンビネーションと同じように、斜め前方へ飛び出すように浮き上がろう。

浮き上がり後の1～3ストロークくらいは、できるだけノーブレスを使えるようにしよう。ただし、頭を突っ込んだ形でノーブレスをすると、水の抵抗を大きく受けることになってしまい、浮き上がりで得たせっかくの勢いを無駄にしてしまうので、十分に気をつけて泳ぎ出そう。

水中バタフライキック は抵抗の少ない 姿勢で打とう

水中バタフライキックも、バサロキックと同様に、前面から受ける水の抵抗を減らす姿勢を作りながらキックを打とう。抵抗を受けやすい部分も同じで、キックがヒザ下だけの動きになってしまったり、上半身が上下に大きくぶれてしまったりすると、抵抗が増えて減速を招きやすい。胸から手先までは真っすぐに固めておく意識でストリームラインを作り、胸から脚が生えているようなイメージで、腹筋の上部からキックが打てるとよいだろう。両足の親指同士が離れすぎないように注意して、内ももを絞って鋭いキックを打ち下ろしていこう。

第1キックで 浮き上がるから 第2キックで勢いよく 泳ぎにつなげられる

水中バタフライキックから、タイミングを合わせてキャッチで浮き上がるバタフライ。ここで身体が浮き上がっているから、第2キックとプッシュで、普段のストロークと同じように前方に向かって勢いよく飛び出すことができるのだ。

第1キックとキャッチ（ストリームラインの手のロックを外す動き）のタイミングを合わせて、身体が浮き上がるきっかけを作ることができると、プルにさしかかったところで背中が水面に近づく。捉えた水を、脇を締めて後方へ押し出していき、プッシュと第2キックを合わせて、斜め上へ飛び出していこう。この1ストローク目で手先が力んで、水をうまくとらえることができないと、その後のコンビネーションのタイミングにも悪影響を与えるので、慌てずしっかり水を捉えて泳ぎ出せるように何度も練習していこう。

ねらい

壁に手をつくタイミングを合わせて行う平泳ぎのタッチターンを学ぶ

難易度	★★★★★
時　間	30分

» 得られる効果

- ストローク
- キック
- 呼吸
- フィジカル
- **ターン&タッチ**
- スタート
- 浮き上がり

Menu 050 キックの蹴り終わりに合わせて手をつく

キックが蹴り終わった直後手が壁につくタイミングを見つけよう

キックの推進力をムダにしないためにも、壁に手をつくタイミングは、キックが蹴り終わった瞬間をねらう。もしタイミングがずれてしまいそうになったら、小さなストロークを入れて調節しよう。

後ろに引くほうの手を少し下にして手をついたら、壁から素早く離して体側に引きつけて身体を横に向ける準備をする。それと同時に、壁についているほうの腕のヒジを曲げて、頭を壁に近づけつつ、太ももも引きつけ始めるとよい。

壁に近づきすぎず遠すぎずキックを蹴り終わって手がつく距離がベスト

平泳ぎのタッチターンの基本は、バタフライと同じ。壁に手をついたら、素早く片手を引いて身体を横に向ける。太ももをお腹に近づけるように身体をコンパクトにしたら、壁を押す力と脚が壁に向かう力をうまく使って、おヘソを支点にして素早く回転する。
平泳ぎでもっとも気をつけたいのは、壁に手をつくタイミングだ。リカバリー動作の途中で手をついてしまったら、キックで推進力を得ている途中なので効率が悪い。また、壁までの距離が遠くて、キックが蹴り終わってからもストリームラインの姿勢で待たなければならない場合も、スピードが落ちてしまう。ベストなのは、手を前に伸ばして、キックが最後まで蹴り終わった瞬間だ。キックで得られる推進力を余すところなく使い切ってから、ターンに入れるので効率がよい。
また、水中から少し斜め上に向かうタイミングだと、そのままの流れで身体を回転しやすくなるので、さらに素早くターンすることができる。

ヒザは90度にして足の裏は壁につけないように

ターンをしたら、身体を横に向けたまま壁に足をつける。素早く蹴り出せるように、ヒザの角度は90度、足の幅は腰幅の状態で壁に足をつくのが理想。また、注意したいのが、ベタ足のような感じで壁に足の裏全体をつけないこと。つま先立ちのような感じで指のつけ根で壁につき、蹴り出すときに足首で踏み込む動きを使って、足首のバネ（筋や腱）を利用することで、より大きく壁に力を伝えることができ、強く蹴り出すことができるようになる。

ねらい

距離を稼げる効率のよいひとかきひと蹴りを学ぶ

難易度	★★★★★
時　間	30分

» 得られる効果

- ストローク
- キック
- 呼吸
- フィジカル
- ターン＆タッチ
- スタート
- 浮き上がり

Menu 051 ひとかきひと蹴りの基本を覚えよう

1回だけ打てるバタフライキックを有効に活用しよう

平泳ぎの水中動作である、ひとかきひと蹴り。いかに抵抗の小さな姿勢を保持しながら動作を行うことができるかが最大のポイント。ストリームラインからひとかきを終えるまでの間に、1回だけバタフライキックを打つことが許されているが、できるだけ抵抗の少ないストリームラインの状態のときに打ったほうが、推進力を十分に得ることができる。だから、スタートやターン後に、ストリームライン姿勢のままバタフライキックを入れ、その直後にひとかき動作を開始するようにする。ひとかき動作は跳び箱を跳ぶようなイメージで、腕全体を身体の前面で動かし、たくさんの水を一気に後方へ押していく。ひとかきの最後の局面で腕全体を内側に捻る動きを加えて、手の甲を大腿部にくっつけた形で、気をつけの姿勢を真っすぐ作ると、体重が前に乗りバタフライキックとひとかきの勢いがより効果的になる。ただし、バタフライキック直後にひとかきを動かす方法は、たくさんの水を押し出す力も必要で、体幹の安定がないと動作中に身体が上下に動き、抵抗が増えてしまいメリットを得られなくなってしまうので、テクニックに見合った身体能力も高めていけるように努力しよう。

Extra

バタフライキックのタイミングはかき始めるところかかき終わりのどちらか

ひとかきひと蹴りに入れる、バタフライキックのタイミングでおすすめなのは、キャッチのタイミングで打ち下ろす方法。しかし、先にも述べたように、たくさんの水を一気に後方へ押し出すパワーや、体幹部を安定させる筋力がないと、上下動が起きてしまいメリットを行かせない場合がある。そのときは、ひとかきのプッシュ動作に合わせて、バタフライキックを打つ方法を採用してみよう。こちらのほうが高い加速度は得られにくいが、大きなパワーはさほど必要なく動作ができるし、上体もぶれにくい。自分に合ったバタフライキックを打つタイミングを見つけてみよう。

手を前に戻してからひと蹴りを行うこと

ひとかきが終わったら、スピードが落ちすぎる前に手を前に戻していく。このとき、手のひらを身体に這わせるようにして動かすと、前から受ける水の抵抗を減らすことができる。ひと蹴りを打つタイミングは、手が前方に伸びきったところがよい。手を戻しながらキックを蹴ってしまうと、水の抵抗を受けるこの動作でキックの推進力を減らしてしまうからだ。手が顔の前を通過したあたりで足を引き始め、手を前に伸ばしたところで思いっきり蹴る。

もうひとつのポイントは、ひと蹴りが終わったらできるだけ速くコンビネーションに移行すること。ひと蹴り後、長く伸び過ぎてしまうと、ひと蹴りのキックで得た速度はどんどん減速してきてしまう。スムーズに泳ぎにつなげていくためにも、ひと蹴り後に減速が始まるギリギリの一歩手前で泳ぎ出していけるように、ひと蹴りをするときには水面の近くまで浮き上がってきているようにしよう。

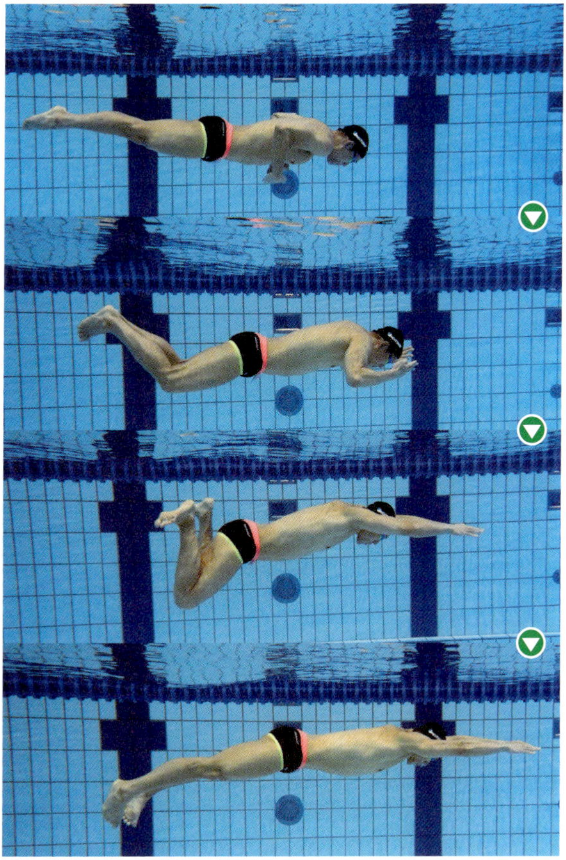

ねらい

個人メドレーでもう一段階上のターンを身につける

Menu 052 バケットターンでタイムを短縮する

難易度	★★★★★
時　間	30分

» 得られる効果

- ストローク
- キック
- 呼吸
- フィジカル
- **ターン&タッチ**
- スタート
- 浮き上がり

背泳ぎから平泳ぎをワンランク上のターンで切りかえる

個人メドレーにおいて、バタフライから背泳ぎに移行するタッチターンでは、蹴り出すところで上に向くように身体を捻る。平泳ぎからクロールに切りかわるターンは、通常のタッチターンと同じ。唯一特殊なターンをするのは、背泳ぎから平泳ぎに切りかわるターン。通常は、背泳ぎのまま片手で壁に手をついた瞬間に身体を横に向けて、そこからはタッチターンと同じように脚を引きつけたら、壁を押してターンする。

しかし、今トップスイマーたちは、バケットターンという方法を使っている。手を壁につけながら、クイックターンのように回転してターンする方法だ。背泳ぎの最後のリカバリーが終わったところで、手をついたら身体は横向きのまま、胸のあたりから背中を丸めて、頭をおヘソのほうへ勢いよく持っていく（1つめの回転軸）。このときにヒザを曲げずに先にお尻を壁に近づけて、ワンテンポ遅れてヒザを素早くたたむようにすると、2つめの回転軸ができ、勢いよく足を壁にぶつけられ、素早いターンをすることができる。ヒザをたたむ動きと、ついていた手をストリームラインに持っていくタイミングを合わせることもスムーズに回るためのポイントである。難易度は高めだが、ポイントをおさえてチャレンジしてみよう。

Extra

バケットターンが速い理由

泳法違反になるリスクがありながら、なぜトップスイマーたちはバケットターンを採用するのだろうか。その理由は、単純にタイムの短縮がしやすいからだ。
タッチターンをするよりも、壁につくまでの動作において、泳速を落とさずに行えること。その勢いで回転するので、タッチターンよりも速く足を壁につけることができ、素早くターンを終えることができること。この2点がバケットターンが速い理由だ。
壁につくのはリカバリーをしてきたほうの手で行うことさえ守れば、手がついた瞬間にクイックターンを斜め回りで行うように回転すればよい。

注意したいのは、右手と左手、どちらで手をついても同じようにバケットターンができるように練習しておくこと。レースでは、必ず得意なほうでタッチできるとは限らない。そんなときでも焦らずバケットターンができるように繰り返し練習して、左右どちらの手で壁についたとしても、ミスなく回転ができるようになってから試合で挑戦しよう。

手をつく瞬間は身体を90度以上倒さないように注意

背泳ぎのルールで、泳いでいるときに90度以上身体を傾けてはならない、という文言がある。つまり、背泳ぎをしているときは、上から背中が見えてはいけない、ということ。
バケットターンは、タッチするまでは背泳ぎのルールが採用されるので、必ず身体を90度以内にしておかなければならない。写真のように、前に伸ばす手を頭の後ろから持っていくようにすると、身体は90度以上傾きにくくなるので、実践してみよう。

ねらい

ムダのないゴールタッチで最後の競り合いに勝つ

Menu 053 ゴールタッチにも細心の注意を払おう

難易度	★★★☆☆
時 間	30分

» 得られる効果

- ストローク
- キック
- 呼吸
- フィジカル
- **ターン&タッチ**
- スタート
- 浮き上がり

身体を横に倒しながら肩から手を前方に伸ばす

クロールのゴールタッチのポイントは、肩から腕を前に伸ばすことだ。陸上で立った状態から、片手を上に伸ばしてみよう。肩を水平の状態にしたまま手を伸ばすのと、肩を持ち上げるようにして伸ばすのでは、手のひらひとつ分ほどの差が生まれる。10分の数秒、100分の数秒を争う水泳において、この差は大きいので、しっかりと腕を肩から前に伸ばしてゴールタッチすることを心がけよう。

スプリント種目なら泳ぎの流れでゴールタッチ

秒速1mを超えるスピードで泳ぐクロールの短距離種目では、ゴールタッチで止まる、というよりも、そのままの勢いで流れるようにゴールタッチしてみよう。しっかり肩から前に腕を伸ばすのは、通常のゴールタッチと変わらないが、手をつくのではなく、タッチ板に指先を触れさせる、という意識を持つ。スピードが高いと、横向きから仰向けに回転するように身体を動かしたほうが、より遠くで素早くゴールタッチしやすいのだ。

Level UP!

指先でタッチして少しでも速く壁に手をつく

トップスイマーたちがしのぎを削る世界では、100分の1秒で決着がつくことも多い。そんな100分の1秒の世界を制するためには、泳法テクニックやスタート・ターンテクニックも大切だが、最後のゴールタッチも重要なポイントだ。
できる限り腕を伸ばし、身体からもっとも遠く離れたところでタッチするのが、ゴールタッチの基本。やってしまいやすいミスは、手のひらでタッチすること。タッチは必ず指先で行おう。これだけで、手のひらひとつ分速くタッチすることができる。

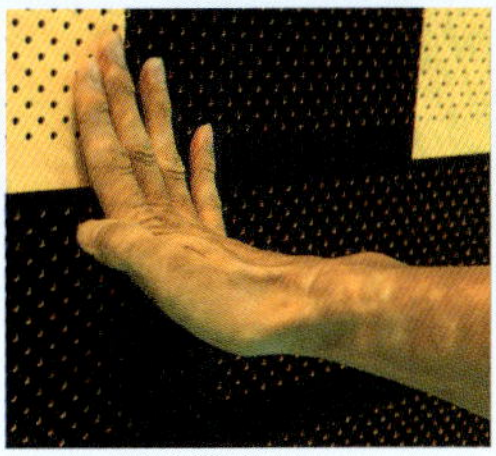

背泳ぎのゴールタッチは真っすぐ壁に向けて手を伸ばす

背泳ぎは普通にリカバリーをすると、指先が半円を描くためにムダな時間が生じる。ゴールタッチをするときには、プッシュして手を抜き上げたら、すぐにヒジを曲げて手を顔の近くに持ってきて、そこから真っすぐ壁に向かって手を伸ばす。ここで壁までの距離を確認するために壁を目視してもよいが、壁を見たままだと顔に抵抗を受けてしまうので、一瞬で壁との距離をチェックして、すぐに頭を元の位置に戻すようにしよう。

バタフライ&平泳ぎは体重移動が終わったところでタッチ

バタフライと平泳ぎは、両手同時に壁に手をつかなければならないルールがあるため、両手をしっかりと肩から伸ばすようにしよう。また、タイミングはターンのときと同じように、バタフライでは第1キックと入水で体重移動がし終わった瞬間、平泳ぎはキックが蹴り終えた瞬間に壁に手がつくようなタイミングでゴールタッチするのが理想だ。

難易度	★★★★★
時 間	30分

» 得られる効果
- ストローク
- キック
- 呼吸
- フィジカル
- ターン＆タッチ
- **スタート**
- 浮き上がり

ねらい

メリットを最大限に生かせる引き継ぎテクニックを学ぶ①

Menu 054 リレーでロスなく引き継ぐテクニック

もっとも熱いレースリレーでロスのない引き継ぎをする

大会の花形とも言えるリレー競技。そのリレーでしか使わない技術が、引き継ぎだ。引き継ぎは、前の泳者のタッチしてから飛び出すことが条件。タッチする前にスタート台から足が離れてしまうと失格になる。前の泳者の泳ぎと泳速をしっかりと見極めてタイミングを図り、タッチすると同時に飛び出そう。
号砲に合わせて素早く飛び出す必要がないので、力強く飛び出すために両脚でスタートしよう。また、構えて静止する必要はないため、腕を回して勢いをつけたり、ステップを踏んで勢いをつけたりして飛び込むことができる。しかし、ステップを踏むにしても、腕を回して勢いをつけるにしても、タイミングの取り方が難しいので、何度も繰り返しチームで練習しておこう。
まずは、オーソドックスに両脚を揃えて構え、腕を振りながら飛び出すタイミングを図る。そのまま後ろから腕を前に振って飛び出しても良いし、飛び込むときだけ腕を後ろ回しに回すと強い勢いをつけることができる。
また、練習するときには、泳いでくる選手は本番と練習で引き継ぐタイミングが変わってしまわないように、必ずレース本番を想定して全力で泳ぐようにしよう。

勢いをつけて飛び出す引き継ぎ法1 ワンステップスタート

腕を振るだけよりも、勢いをつけて飛び出しやすいステップスタート。まずはクラウチングスタート同じように、前後に足を開いて構える。手でタイミングを取りながら、飛び出す瞬間に後ろの足を前に踏み出し（ワンステップ）、その勢いのままスタートする。

ワンステップスタートは、多くのトップスイマーが採用している引き継ぎ方法だ。腕を振るだけよりも勢いをつけやすく、片足をすでにスタート台の前に引っ掛けているので、最悪後ろ足のステップを失敗しても、大きなミスにはなりにくい。まずはこのワンステップスタートを練習しておくのがおすすめだ。

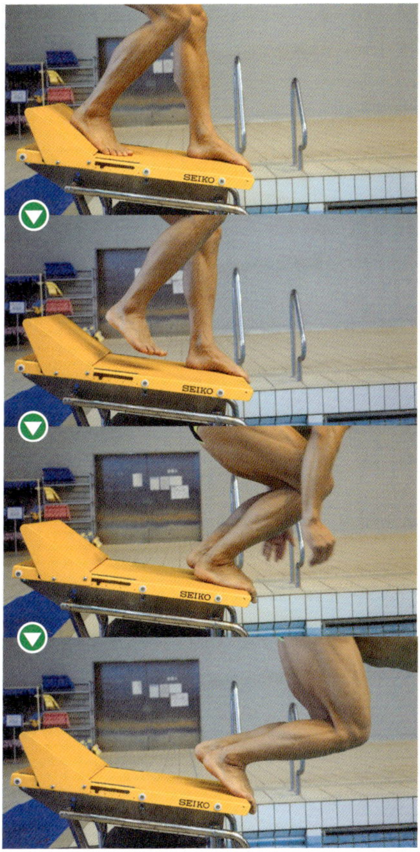

勢いをつけて飛び出す引き継ぎ法2 ツーステップスタート

ワンステップスタートよりも、さらに勢いをつけて飛び出すのが、ツーステップスタート。両脚を揃えてスタート台の後ろに立ち、まず片脚を前に出してワンステップ、次にもう片ほうの脚でステップを踏んでからスタートする。

両方の足の指をスタート台に引っ掛けていない状態からスタートするため、失敗すると足を滑らせてしまったり、うまく前方に飛び出すことができなかったりしてしまうリスクがある。ただ、2回ステップを踏む分、重心を前に勢いよく乗せていけるので、ワンステップスタートよりも勢いがつく。ワンステップスタートでほぼ確実に引き継げるようになってから、練習するようにしよう。

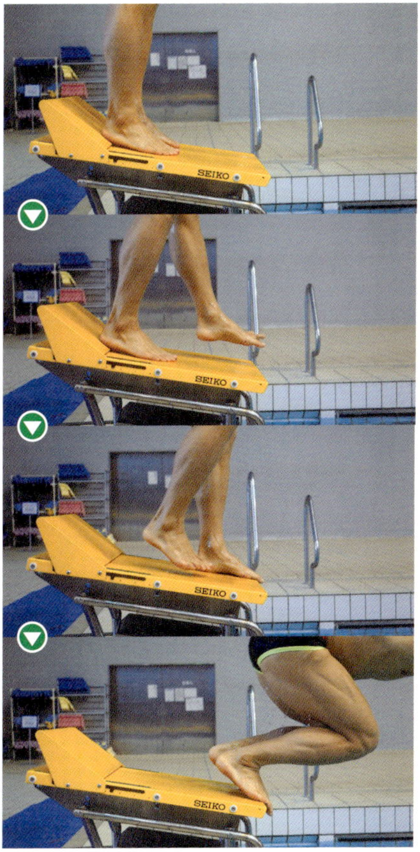

壁際テクニック

ねらい

確実に引き継げるようにする引き継ぎ練習法を学ぶ

難易度	★★★★★
時　間	0〜00分

» 得られる効果

ストローク

キック

呼吸

フィジカル

ターン&タッチ

スタート

浮き上がり

Menu 055 引き継ぎの練習法と注意点

やり方

1. ストップウォッチを２つ用意し、引き継ぎタイムを実際に計りながら練習する
2. 両脚をスタート台の前に引っ掛けたとき、しっかりと沈み込んでパワーを溜め、力強く飛び出すように練習する
3. ステップスタートは、見る角度が変わったり、タイミングの取り方が難しいので、何度も繰り返し練習する。また、泳者を使わずに、ただステップをしてスタートする練習も効果的

2つのストップウォッチを使って引き継ぎタイムを計って練習する

引き継ぎタイム（前の泳者がタッチしてから、飛び込む泳者の足がスタート台から離れるまでの時間）は、2つのストップウォッチを使って計測できる。

まずは２つのストップウォッチを同時にスタートさせてから、ひとつを泳いでくる泳者のタッチに合わせて止める。もうひとつは、飛び込む泳者の足がスタート台から離れる瞬間に合わせて止める。この２つの差を出せば、何秒で引き継げたのかが分かる。

レースではタッチ板が作動した時間と、スタート台で計測する足離れのタイム（リアクションタイム・RT）との差で正確に計測されるが、それに近い形で計測できる方法だ。

スタート台から足が離れる瞬間が引き継ぎタイムを計測するところ

引き継ぎタイムは、前の泳者がタッチしたタイムと、飛び込む泳者の足がスタート台から離れた瞬間とのタイムの差だ。だから、前の泳者がまだタッチをしていないときにどれだけ身体が前に飛び出していたとしても、タッチするまでスタート台から足が離れていなければフライングにはならない。写真のように、ほぼ飛び出している状態であっても、足先はスタート台についている。この瞬間までに、前の泳者がタッチすれば引き継ぎ違反はとられないのだ。

ステップはミスをなくすために何度も繰り返し練習する

ステップスタートをすると、安全にステップを踏もうとして、飛び出す瞬間まで腰が高い位置のまま飛び出してしまいやすい。ジャンプするときにもっとも力を発揮しやすいヒザの角度は、90度。これより浅い角度だとせっかくステップで勢いをつけても意味がない。ステップを踏んで、身体を前に移動させたら、飛び出すためのパワーを溜めるようなつもりで、しっかりと沈み込むことを忘れないようにしよう。

Extra

引き継ぎタイムが－0秒03まで失格ではない理由

引き継ぎタイムは、マイナス0秒03まで失格にならない。つまり、前の泳者がタッチするより0秒03まで早くスタートできるのだ。このマイナス0秒03というタイムは、タッチ板の構造が関係している。
タッチ板は2枚構造になっているものがほとんどで、選手がタッチしたときに前の板が押され、後ろの板に接触することで計測されるようになっている。そのときに生じる誤差が0秒03以内であるため、マイナス0秒03まで引き継ぎタイムがOKとされている。
実際にねらってマイナス0秒03の引き継ぎタイムを出すことは不可能ではあるが、トップスイマーたちは、0秒1～2程度の引き継ぎタイムがほとんど。そのためには、何度も繰り返し練習することが必要不可欠。しかし、練習をすることで確実に自分のタイムを0秒4近く縮めることができるのであれば、時間を惜しまず練習することの大切さがわかるはずだ。

COLUMN

スタートやターンはタイムを縮める大きな可能性を秘めている

スタートやターンは、練習すればするほどうまくなるテクニックだ。何度も繰り返し反復練習を行うことで身につき、身体が忘れにくい技術でもある。しかし、このスタート・ターンの練習をおろそかにしている選手が多い。その理由の多くは、水中練習の時間を減らしたくないためだ。

しかし、考え方によってはスタートやターンで縮められる記録は少なくない。たとえばターンの場合、特にターンの入り方と回転を修正するだけで0秒1近く記録を縮められる可能性がある。長水路のレースで100mだと1回しかないが、200mなら3回、400mなら7回もターンがある。そのターン1回ごとに0秒1縮まると仮定すれば、200mで0秒3、400mなら1秒近くターンだけで記録を更新できるのだ。

また、スタートは反応を早くすることは難しいが、飛び出す勢いが変われば泳ぎ出しのスピードも変わるため、結果として泳ぎの泳速に影響する。ターンの壁を蹴る強さや、蹴ったあとの姿勢の取り方も同じだ。

もちろんそう簡単にタイムが縮まるものではない。しかし、やればやるだけうまくなるスタートやターンの練習をやらない理由は見当たらない。記録を縮められるチャンスは、水中トレーニングや泳ぎの技術だけではなく、細かい周辺技術にこそ潜んでいるということを忘れないようにしよう。

第7章

陸上トレーニング

水中でのトレーニングだけでは、決して速くなることはできません。
水中で最高のテクニックを身につけるための身体作りも、
水泳トレーニングのひとつであり、大切な要素なのです。
泳ぎに生かせる、水泳につながる陸上トレーニングの基礎を
紹介していきましょう。

はじめに

陸上トレーニングは、今よりも泳ぎをレベルアップさせるために欠かせない要素です。水中よりも高い負荷を身体にかけられる陸上トレーニングによって、水中動作におけるパワーもアップすることができるのです。

その陸上トレーニングを効果的に行ううえで、覚えておきたいポイントが3つあります。そのひとつが、体幹を締め、身体を安定させるために必要不可欠な「腹圧」です。腹圧は体幹部分、特に下腹部をしっかり締めることで身体は安定しますが、お腹の部分だけが固まった状態だと簡単に折れてしまいます。胸郭や臀部といった部分も締めておくことが大切。つまり、腹圧はお腹だけというよりも、胴体すべてをギュッと締めて安定させるように意識しましょう。もうひとつが使っているようで、意外と使えていない「臀部の筋群」。安定した姿勢を作るためには腹圧もそうですが、臀筋群の貢献度が必要不可欠なのです。ストリームラインの姿勢を作ることもそうですし、強いキックを打ったりするためにも使いますし、スタートやターンで壁を強く蹴るときにも欠かせない要素。トレーニング中に臀筋群が機能的に働くように、プレトレーニングで刺激を入れることを忘れないようにしましょう。

最後のひとつは、正しいパワーポジションを作ること。

そして、腹圧や臀筋群はパワーポジションを作るうえでも非常に重要なポイントになります。体幹を締めて身体を真っすぐに保ったまま、股関節から身体を曲げて少し腰を落とした状態のパワーポジションは、すべての動作をする前の準備の姿勢です。パワーポジションから動作を行うと、もっとも効率よく力を発揮しやすくなります。このパワーポジションを作れると、力を発揮しやすくなるだけではなく、故障も予防してくれますので、まずは安定したパワーポジションを作れるようにすることが、陸上トレーニングの大きなポイントと言えるでしょう。

陸上トレーニングといえば、筋力を向上させるなど、身体を鍛えるものだけだと思われがちですが、ストレッチも陸上で行う立派なトレーニング。水泳は1日休むと、感覚を取り戻すのに倍以上の日数がかかると言われています。つまり、ケガのない身体を作ることは、休まずに日々トレーニングを継続できることにつながるのです。ですから、ストレッチも水中トレーニングと同様に、毎日のルーティンにぜひ取り入れてください。

パワーポジション！

足を腰から肩幅に開き、体幹を締めて真っ直ぐに立ち、背筋をフラットにしたまま、股関節を折り、臀部を後ろへ少し引きます。そのままヒザを適度に曲げて、最も力の入るポジションで止まります。この姿勢がパワーポジション。最も効率的にパワーを発揮するための最適な準備姿勢がある。

体幹＆補強トレーニングをより効果的にしてくれるのが、ジムボールやシスチューブといったトレーニングアイテム。これらを使うことで、臀筋群や内転筋など意識しづらい部位への刺激をアシストしてくれたり、複数の筋肉の連動を学習させてくれたりする。ペットボトルも手軽に使えるトレーニングアイテムだ。効果的にトレーニングするために、ぜひ使ってみてほしい。

ねらい

どんな環境でも活用できる陸上で泳ぐ準備を整える方法を学ぶ1

Menu 056 ダイナミックウォームアップ1

難易度	★★★★★
時　間	10～20分

» 得られる効果

- ストローク
- キック
- 呼吸
- **フィジカル**
- ターン&タッチ
- スタート
- 浮き上がり

やり方

1. ジャンピングジャックで、身体全体を使って身体を動かす準備をする。10回を目安に
2. スキーヤーズで脚と腕を連動させる。左右それぞれ10回行う
3. ニーハグストレッチで股関節の柔軟性、動きを高める。ヒザを抱えてストレッチをかける時間は2秒間だけ。左右交互に10回程度を目安に
3. クアドストレッチ（もも前ストレッチ）を行いながら、片手を上げてバランス感覚も養う。ストレッチをかける時間は2秒間だけ。左右交互に10回程度を目安に

ジャンピングジャック

その場で腕脚を大きく左右に広げるジャンプを繰り返す。身体が前後左右にぶれないように気をつけて。手は大きく頭上まで広げ、脚は肩幅より広く開くようにすると良い。

スキーヤーズ

左腕を前から頭上へ上げるときは左脚を前に踏み出し、ジャンプをしながら左右の腕と脚を前後に入れかえる。この動作を連続で左右交互に行っていく。体幹を安定させて、リズミカルに動作ができると良い。

ニーハグストレッチ

パワーポジションから両腕でヒザを胸へ抱えるようにして、背筋を伸ばして、真っすぐな姿勢を作る。ストレッチをかける時間は２秒間のみ。一度パワーポジションに戻ってから、同じように逆のヒザを抱えてストレッチをかけていこう。

クアドストレッチ

ニーハグストレッチと同様にパワーポジションからスタート。片手で同側の足首をつかみ、大腿四頭筋（ももの前側）をストレッチする。逆の腕は上に伸ばして、バランスを取りながら動作ができるようにする。これもストレッチをかける時間は２秒間のみ。一度パワーポジションに戻ってから、逆の大腿四頭筋にストレッチをかけていこう。

ねらい

どんな環境でも活用できる陸上で泳ぐ準備を整える方法を学ぶ2

難易度	★★★☆☆
時　間	10〜20分

» 得られる効果

ストローク
キック
呼吸
フィジカル
ターン&タッチ
スタート

Menu 057 ダイナミックウォームアップ2

やり方

1. ハムストリングスストレッチで、ももの裏側から股関節の動きをよくする。ストレッチをかける時間は２秒間。左右交互に 10 回を目安に。
2. ダイアゴナルトゥータッチは、対角の手と足を胸の前で合わせてハムストリングスにストレッチをかけながら、上肢と下肢の連動を養う。左右交互 20 回を目安に
3. ゴブレットスクワットは、腰を下ろした状態で２秒間静止して行うスクワット。体幹、下半身に刺激が入る。10 回を目安に。
4. モンキースイングで、肩甲骨の可動性を出しつつ、上腕三頭筋にストレッチをかける。左右交互に 20 回を目安。

ハムストリングスストレッチ

パワーポジションからスタートし、右手で左の足先を掴んでハムストリングスを伸ばす。一度パワーポジションに戻ってから、反対側も同じように行う。身体を前に倒すときに背中が丸まらないようにして股関節から身体を曲げること。ストレッチするほうの足はヒザをしっかり伸ばしておくこと。これもストレッチをかける時間は２秒間のみ。

ダイアゴナルトゥータッチ

立位の状態から、左脚を持ち上げたら、右手でその足先にタッチする。反対側も同様に行うことを繰り返す。手と足先のタッチは、身体の真正面でできるようにしよう。また、身体を必要以上に曲げないために、脚をしっかりと振り上げるのがポイント。股関節から腸腰筋を意識して行おう。

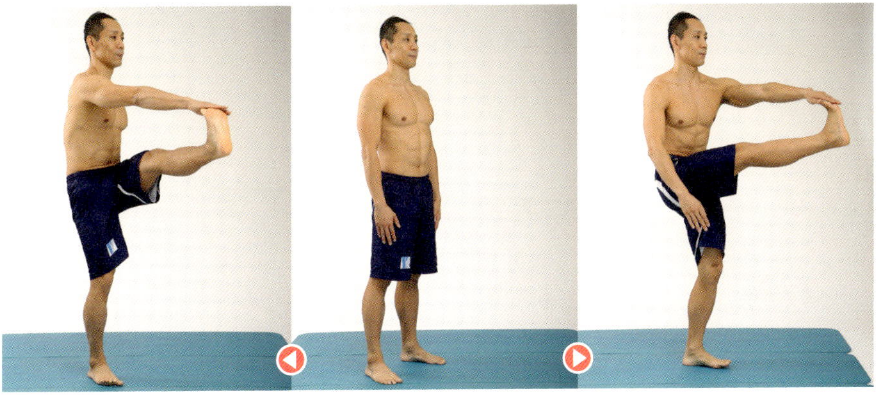

ゴブレットスクワット

身体の前で腕を組んだ立位の状態から、ヒザが90度になるまで腰をしっかり落とす。この状態で2秒キープしてから、またゆっくりと立位の姿勢に戻る。動作中に上半身が倒れ込まないように、体幹部をしっかり固めたまま、ヒザと股関節を曲げて臀部を落としていこう。

モンキースイング

立位で腕を左右に大きく振る運動。右腕を振り上げたときは右手が頭の後ろに、左腕を振り上げたときは左手が頭の後ろにくるようにする。ヒジから手先までを脱力しておくと、腕を振り上げた遠心力でヒジが勝手に曲がる。上腕三頭筋にストレッチがかかり、肩の動きもスムーズにすることができる。

難易度	★★★★★
時間	10～20分

≫得られる効果

ストローク
キック
呼吸
フィジカル
ターン&タッチ
スタート
浮き上がり

ねらい

どんな環境でも活用できる陸上で泳ぐ準備を整える方法を学ぶ3

Menu 058 ダイナミックウォームアップ3

やり方

1. ウインドミルで身体を捻り、体幹に刺激を入れる。左右交互に10回を目安に
2. ウインドミルから連続で、身体を前屈みにして腕を大きく振り上げるベントオーバーウインドミルを行う。左右交互に10回を目安に。
3. ベントオーバーの姿勢を維持したまま、両腕を左右に大きく広げて、身体の前で交差するように振るアームスイングを行う。10回を目安に。
4. トイショルダーと90/90sで、肩のインナーマッスルに刺激を入れて、肩甲骨の可動性を出していく。それぞれ10回を目安に。

ウインドミル

脚を肩幅より少し広いくらいに開いて立つ。そこから、腕を左右に振りながら身体を捻る運動。身体が左右にぶれたり、顔が左右に振れたりしないように、中心軸を真っすぐに保ったまま行うのがコツ。できるだけ大きく身体を左右に振り、捻るようにしよう。

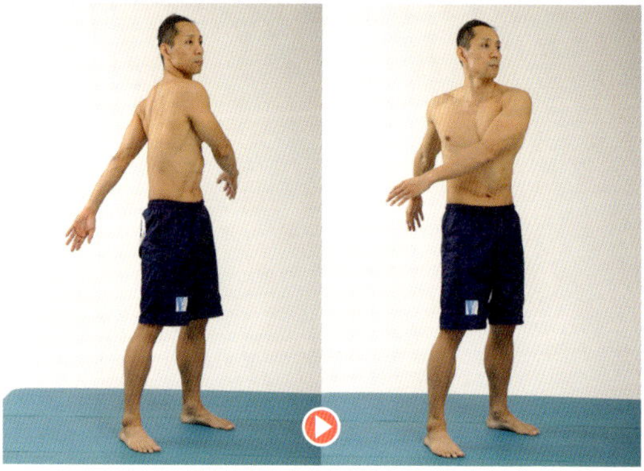

ベントオーバーウインドミル

ヒザを軽く曲げて、背筋を伸ばしたまま前屈みの姿勢（ベントオーバー）を作り、ウインドミルを行う。気をつけるポイントはウインドミルと同じで、身体の中心軸がぶれないように気をつけよう。腕を大きく振り上げることで、体幹を捻る運動に加えて肩や腕の運動とストレッチを同時に行うことができる。

アームスイング

ベントオーバーの姿勢から、身体の前で腕を交差させるようにして振る。肩に加え、肩甲骨を開いたり閉じたりする意識を持つことで、腕や背中全体の動きを良くする効果がある。腕の動きに合わせて、上半身が上下にぶれないように、体幹部分をしっかり安定させて姿勢をキープするように注意して行おう。ウインドミル、ベントオーバーウインドミル、そしてこのアームスイングまでは休まずに連続して行おう。

トイショルダー

立位の状態で脇を締めて、手のひらを上向きにして、ヒジを90度に曲げる。そこから、ヒジの位置、上腕の位置は動かさないようにして、ヒジから指先までを外側に動かす。腕の外旋の動きと、肩甲骨を閉じる動きを連動させるのがポイントだ。腕を開くときに腰が反りやすいので、身体は真っすぐな姿勢をキープするように心がけて行おう。

90／90S

腕を肩の位置まで持ち上げ、ヒジを90度に曲げる。そこからヒジの位置の動かさずに前腕だけ前に動かす。肩の内旋の動きに肩甲骨を連動させるのが目的だ。腕を前に倒したとき、ヒジが下がらないように、肩からヒジのラインは床と水平の状態を維持したまま行うように気をつけよう。

ねらい

どんな環境でも活用できる陸上で泳ぐ準備を整える方法を学ぶ4

難易度	★★★☆☆
時　間	10～20分

» 得られる効果

ストローク
キック
呼吸
フィジカル
ターン&タッチ
スタート
浮き上がり

Menu 059 ダイナミックウォームアップ4

やり方

1 キャッチザボールで肩甲骨と胸部の動きを連動させる感覚を養う。10回を目安に

2 スキャプラームーブで腕と肩、肩甲骨を連動させる。5～10回を目安に行おう

キャッチザボール

立位で肩の高さまで腕を上げてヒジを90度に曲げた状態から、身体の前にある大きなボールを抱え込むようなイメージで腕を伸ばす。特に注意するのは、2点。肩甲骨は挙上させるのではなく、上方回旋させた状態にすること。挙上させると僧帽筋など首周りに力が入ってしまうので注意しよう。また、大きなボールを抱え込む動作は、胸郭の前側を落としていくようにして、体幹を締めて腹圧を入れながら、ミゾオチあたりをへこませて行う。水中でのキャッチ動作にそのものにつながる運動だ。

スキャプラームーブ

腕と肩、そして肩甲骨の動きを連動させるスキャプラームーブ。まずは肩甲骨を開くようにして、左右の前腕を揃える（①）。次に、肩甲骨を寄せながら腕も左右に開く（②）。このとき、手のひらも外側に向けるように動かそう。肩甲骨を寄せた状態のまま両手を上に真っすぐ伸ばしたら（③）、ヒジを下ろして②と同じ状態に戻す（④）。最後に肩甲骨を開いて、①と同じ状態まで戻す（⑤）。ヒジを90度にしておくことや、手のひらの動かし方にも気をつけよう。

また、肩甲骨の外転（①）、内転（②）、上方回旋（③）、下方回旋（④）という動きをしっかりと意識して行うことが大切。特に、上方回旋のところで、肩を持ち上げるような動きで、肩甲骨を挙上させないように気をつけて。

ねらい

泳ぎに生きる 補強&体幹トレーニングを学ぶ 1

難易度	★★★☆☆
時　間	10～20分

» 得られる効果

ストローク
キック
フィジカル
ターン&タッチ
スタート

Menu 060 下半身トレーニング

やり方

1 フロッグスクワットや四股踏みで、股関節の可動性を高めながら、下半身（特に臀部と内モモ）に刺激を入れる。四股踏みではバランス感覚も養える。それぞれ10回を目安に

2 リバースランジで臀部とハムストリングスに刺激を入れる。片腕を上げたり身体を捻ったりすることで、体幹の安定性や股関節の可動性を高める効果もある。左右それぞれ10回を目安に

3 ラテラルスクワットで、臀部と大腿部内側に主に刺激を入れる。左右10回を目安に

フロッグスクワット（平泳ぎに効果的）

脚を大きく開いた状態から、ヒザを90度に曲げて腰を落とし、床を両手で触る。このときに背中が丸まらないように注意する。立ち上がったら腕はストリームラインの形をつくる。平泳ぎのキックからグライド姿勢をイメージして、腹圧が抜けないように意識して行おう。

四股踏み

まずは脚を大きく開いて腰を落とす。ヒザが90度になり、太ももの裏が地面と水平になるくらいまで腰を落とそう。そこから、片脚を大きく振り上げて、また元の姿勢に戻る。片脚を持ち上げたとき、バランスを崩さないように体幹を意識して行おう。

片手上げ&ソラシックリバースランジ（クロール・背泳ぎに効果的）

立位の状態（①）から、片脚を後ろに引いて腰を落とす（②）。後ろに引いた脚と同じ側の腕を真っすぐ上げて、上半身を真っすぐに保ちながら行おう。①の状態に戻ったら、反対の脚も同じように行う（③）。①→②→①→③の順番に行うのが、片手上げバージョン。

ソラシックバージョンは、①→④→①→⑤の順番で行う。脚を後ろに引いたとき、引いた脚とは反対方向に身体を大きく捻る。もちろん、上半身は前後左右にぶれないように気をつけて行おう。それぞれ左右10回ずつが目安。

ラテラルスクワット（平泳ぎに効果的）

胸の前で手を組み、脚を大きく開く（①）。そこから身体を前に倒さないように気をつけながら、片ほうの脚を曲げて沈み込む（②）。①の状態に戻ってから、逆方向も同じように（③）。①→②→①→③の順番で行う。脚を曲げたとき、上半身が前に倒れやすくなるので、体幹を締めて姿勢に気をつけて行おう。

陸上トレーニング

ねらい

泳ぎに生きる 補強&体幹トレーニングを学ぶ 2

難易度	★★★★★
時　間	10～20分

» 得られる効果

- ストローク
- キック
- 呼吸
- **フィジカル**
- ターン&タッチ
- スタート
- 浮き上がり

Menu 061 下半身&体幹トレーニング

やり方

1. インバーテッドハムストリングスで、体幹やハムストリングスを使い、身体のバランス感覚を養う。手足を伸ばして 10 秒保持を目安に
2. スケータージャンプでバランス感覚を養いながら、脚に刺激を入れる。左右往復 10 回ずつを目安に
3. スタージャンプで、パワーポジションから強い力を発揮する感覚を覚える。10 回を目安にしよう
4. グルートレッグアップで、臀部を締めることで連動して脚が持ち上がる感覚を養う。左右の臀部を同時に収縮する方法と片方の臀部のみを収縮させる方法を、それぞれ 10 回を目安に行う
5. グルートブリッジマシーンで、臀部とハムストリングスで体幹を支えながら、股関節から脚を動かす感覚を養う。左右交互に 20 回を目安に

インバーテッドハムストリングス（スタート動作に効果的）

パワーポジションと呼ばれる、動作で力を発揮させる前の「最適な準備姿勢（※写真②）」を作る。そこから両腕と片脚を上げて上体を倒していくが、体幹が締まってないと、背中が反ったり丸まったりするので注意しよう。腕を後ろへ広げるほうが動作の難易度が低くなるので、はじめは後方へ腕を上げる方法をおすすめする。

スケータージャンプ

片脚で身体を支えながらしっかり沈み込み、真横にジャンプして脚を入れかえる。片脚でしっかりとジャンプする筋力、そして着地と同時にバランスを崩さないようにする体幹力を鍛えられる。特に、身体を沈み込ませるときに背中が丸まらないように気をつけて行おう。

スタージャンプ（ターン動作に効果的）

パワーポジションから、高くジャンプしながら手足を大きく広げるトレーニング。パワーポジションから、一気に飛び出す瞬発力を鍛えるのに最適だ。手足を広げたとき、背中を真っすぐに行うのがポイントだ。着地したら、すぐにまたパワーポジションに戻れるように。

グルートでレッグアップ（バタフライに効果的）

うつ伏せの状態でヒザを90度に曲げてから、骨盤を床に押し付けるような意識で、臀部を収縮させていく。臀部を収縮させることによって、大腿部が持ち上がる感覚を養おう。同様の動きを片側のみで行い、片ほうの臀部だけを収縮し、大腿部を持ち上げられるように、取り組んでみよう。

グルートブリッジマシーン（背泳ぎに効果的）

仰向けの状態でヒザを立てる。腕を真上に上げて、臀部を持ち上げていく。つま先を上げて、カカトと肩で身体を真っすぐに支える。その状態からヒザの角度はキープしたまま、股関節が90度になるところまで左右交互に脚を持ち上げていきます。姿勢が崩れないように臀部でしっかり支えよう。

ねらい

泳ぎに生きる補強&体幹トレーニングを学ぶ 3

難易度	★★★★★
時　間	10〜20分

» 得られる効果

ストローク
キック
呼吸
フィジカル
ターン&タッチ
スタート
浮き上がり

Menu 062 体幹トレーニング1

やり方

1. グルートブリッジ&シットアップで、身体の前面と背面の体幹部を同時に鍛え、上半身と下半身の連動性を養う。10〜20回を目安に
2. ストリームラインシットアップ with キック２種類で、腹筋から打つ力強いキックの筋力と感覚を養う。バタ足は左右往復で20回、フライキックは20回を目安に
3. ダイアゴナルクランチで、ローテーション動作で必要な対角線の動きを養いながら、腹斜筋を鍛える。左右交互に20回を目安に

グルートブリッジ&シットアップ（バタフライ・平泳ぎに効果的）

仰向けの状態でヒザを曲げ､腕を垂直に伸ばす（①）。この状態から臀部とハムストリンスを使って腰を持ち上げて身体を真っすぐにしたら（②）、ゆっくりと腰を下ろしながら背中を丸めるようにして、伸ばした手の方向に身体の持ち上げる（③）。①→②→③→②というように、②と③を繰り返し行う。②で身体を真っすぐにすること、③のときに勢いを使わず、お腹に刺激が入るようにしてゆっくりと行うのがポイントだ。ヒザの間にジムボールを挟んだり、チューブを大腿部に巻いて行うとより効果的。

ストリームラインシットアップ with キック（バタフライ・背泳ぎに効果的）

仰向けでストリームラインを作り、まずは胸から手先までを、腹筋上部を使って持ち上げる。その状態から脚を上げて腹筋下部にも刺激を入れて、バタフライキックを打つイメージで脚を上下に動かす。次に、バタ足の要領で左右交互に脚を上下に動かす。動作中に親指同士が触れ合うようにしよう。

ダイアゴナルクランチ（クロール・背泳ぎに効果的）

手を頭の後ろで組み、両脚を少し浮かせた状態から（①）、右ヒジを左ヒザにつけるようにして上半身を起こしながら脚を持ち上げる（②）。一度①の状態に戻ってから、反対側も同様に行う（③）。①→②→①→③の流れ。ゆっくり交互に行って対角線の動きで腹筋を鍛えよう。上半身は、肩甲骨が浮き上がる程度でOK。

脚を浮かせた状態で行うのが難しければ、脚を地面につけた状態で行っても良い

ダイアゴナルクランチ・ジムボール使用

ジムボール（小さなゴムボール）を使い、少し強度を上げてダイアゴナルクランチを行う。ヒザとヒジの両方でボールを挟み込み（①）、ボールを落とさないようにしながら、右腕と左脚を下ろす（②）。再度①の姿勢に戻ったら、反対に左腕と右脚を下ろす（③）。ジムボールを使うクランチはボールを落とさないように、姿勢を保持する筋力が必要になる。一方は保持しながら、もう一方で大きな動作を行うことで、より泳ぎに効果的な体幹の強さや感覚を身につけていける。

ねらい

泳ぎに生きる 補強&体幹トレーニングを学ぶ 4

難易度	★★★☆☆
時　間	10～20分

» 得られる効果

ストローク
キック
呼吸
フィジカル
ターン&タッチ
スタート
泳ぎ上がり

Menu 063 体幹トレーニング2

やり方

1. フロントブリッジで、体幹を締めて真っすぐな姿勢を維持したまま、手足を動かすための体幹を鍛える。アームアップ、レッグアップそれぞれ左右 10 回ずつを目安に
2. インチワームで全身を連動させながら体幹を鍛える。10 ～ 20 回を目安に行う
3. バーピー２種類を使って、下半身と上半身の筋力､体幹部を同時に鍛える。オープンレッグ、クローズレッグをそれぞれ 10 ～ 20 回を目安に行う

フロントブリッジ・アームアップ&レッグアップ

両手とつま先を床につき、頭からカカトまで真っすぐな姿勢を作る（①）。この状態を保持したまま、身体のライン上まで右腕を持ち上げる（②）。一度①の状態に戻ったら、反対の左腕も同じように行う（③）。①→②→①→③を繰り返す。腕は、ゆっくりと上げてゆっくり戻すのがポイントだ。レッグアップは､アームアップと同じようにして脚を上げる（④と⑤）。①→④→①→⑤の順番で行う。腕や脚を持ち上げたとき、身体がぶれたり斜めになったり、バランスを崩さないように体幹（特に腹筋と臀部）をしっかり締めておこう。

もし挑戦できるなら、左腕を上げたとき、同時に対角線上の右脚を一緒に上げてみよう。身体を支える部位が少なくなるので、バランスを維持するのが難しく、高い体幹力が求められる

インチワーム（バタフライ・平泳ぎに効果的）

両手とつま先を床につき、頭からカカトまで真っすぐな姿勢を作る。肩関節を伸展させていき、お尻を斜め上へ持ち上げる。次に姿勢を元の真っすぐな状態へ戻していくが、動作中に腹圧が抜けないようにし、特に姿勢を戻したときに腰が反ってしまわないように注意したい。臀筋を締めることも忘れずに行おう。

バービー・クローズレッグ

立位の状態から（①）、その場にしゃがんで手をつく（②）。手は動かさずに一度脚を浮かせて、揃えたまま後ろに伸ばす（③）。両手両脚で身体を保持する状態になったら、また②に戻り、①の立位の状態に戻る。③の状態のときに背中を反らさないのはもちろんだが、特に注意したいのは、腰をしっかり落として、しゃがみ込むこと。中途半端に上半身だけ屈めた姿勢で次の動作に移るのはNGだ。

バービー・オープンレッグ

基本はクローズレッグと同じで、体幹を締めて身体を反らせたり丸めたりしないこと。しゃがんでから脚を後ろに伸ばすとき、両脚を大きく開いて行うのが、オープンレッグのやり方だ。クローズレッグよりも左右のバランスは保持しやすいので、まずはこちらから練習すると良い。

難易度	★★★★★
時　間	10〜20分

» 得られる効果
ストローク
キック
呼吸
フィジカル
ターン&タッチ
スタート
浮き上がり

ねらい
泳ぎに生きる補強&体幹トレーニングを学ぶ5

Menu 064 体幹&上半身トレーニング

やり方

1. ソラシックローテーションで体幹の筋力を鍛えつつ、胸椎と股関節の可動性を高めていく。左右交互に10回を目安に
2. サイドブリッジで体幹の側面で姿勢を保持する能力を高める。オープンレッグでは臀部、ニーアップでは大腿部の内側に主に刺激が入る。それぞれ10回を目安に
3. ベントオーバーローで広背筋群を鍛える。また、ラテラルレイズで背中から肩までの筋肉に刺激を入れる。それぞれ10〜20回を目安にする

ソラシックローテーション・オープンサイド

手とつま先で身体を支えたハンド・トゥーの状態（①）から、片脚を手の位置まで持ってくる（②）。そこから、前に出した足とは反対方向に身体を大きく開く（③）。またハンド・トゥーの状態に戻ってから、反対側も同様に（④）行うのが、オープンサイド。身体が真っすぐな状態を保持しつつ、上半身を大きく捻ることで体幹側面にも刺激を入れる。腹筋で姿勢を保持しつつ、胸椎と股関節の捻転動作を行い、それぞれの可動性を高めていく。

ソラシックローテーション・クローズサイド

脚を前に出すまではオープンバージョンと同じで（①→②）、そこから前に出した脚のほうに身体を開く（③、④）がクローズサイド。胸椎と股関節の捻転動作や可能性を高める目的は同じ。どちらに身体を捻っても安定した姿勢を保持できるように、体幹への意識をより強くもって行うようにしよう。

サイドブリッジ・オープンレッグ

身体を横向きにして、外足とヒジで身体を真っすぐに支える。上側の脚を臀部の筋肉を使って持ち上げて姿勢を10～20秒ほどキープする。次に、上げた脚を上下に動かし、より体幹部に刺激を入れていく。体側の筋群で支える感覚も身に付けよう。

サイドブリッジ・ニーアップ

ヒジと上側の足の内側（インサイド部分）で身体を支えてから（①）、下側の脚の太ももをお腹に引き寄せる（②）。そのまま①に戻すのではなく、脚を背中側に伸ばす（③）。①の状態はもちろんのこと、②で背中が曲がったり、③で身体が前に倒れたりバランスを崩さないように、しっかりと体幹（体側）を意識して締めておくことがポイント。

ベントオーバーロー＆ラテラルレイズ

ベントオーバーローは、軽くヒザを曲げて、背中を真っすぐにした状態で前屈みになる姿勢（ベントオーバー）を作って身体を安定させて、背中から腕を引きあげて（ヒジを天井へ持ち上げる動作）、広背筋群を鍛えていく。動作中に脇が開かないように注意。500ml ～２Ｌのペットボトルを重りに使ったり、チューブを使ってゴムの弾力を負荷にするのもおすすめだ。ラテラルレイズはベントオーバーの姿勢から、小指側を上に向けて、左右に腕を広げて持ち上げていく。体幹を締めて姿勢をしっかりとキープしながら、ゆっくりと大きな動作ができるように心掛けよう。肩は小さな筋群なので、負荷をかけるのであれば500ml のペットボトルがおすすめ。

ねらい

泳ぎに生きる補強&体幹トレーニングを学ぶ6

Menu 065 体幹&上半身トレーニング2

難易度	★★★☆☆
時　間	10〜20分

» 得られる効果

- ストローク
- キック
- 呼吸
- **フィジカル**
- ターン&タッチ
- スタート
- 浮き上がり

やり方

1 スパイダープッシュアップで上半身だけではなく、下半身や体幹など、身体全体を連動させて鍛える。左右それぞれ10回を目安に行おう

2 ライオンプッシュアップで、体幹も一緒に連動させて上半身を鍛える。10～20回を目安に

スパイダープッシュアップ

ハンド・トゥーの状態（①）から、腕立て伏せのように腕を曲げると同時に、片脚を前方に持っていく（②）。①に戻してから、反対側も同様に行う（③）。前に脚を踏み出すときは、股関節をしっかりと屈曲させて、ヒザを胸のほうへ近づける意識で行うことで、股関節の可動性も高めることができる。

前に出す足を地面につけずに浮かせた状態にしておく（④、⑤）と、上半身への負荷が高くなるので、こちらにも挑戦してみよう。

Extra

補強＆体幹トレーニングを行う順番も効果を高めるポイント

これまで紹介してきた補強＆体幹トレーニングは、行ってほしい順番で紹介してきた。下半身に刺激を入れ、体幹、上半身と、鍛える部位を下から上に移行していく。脚には大きな筋肉が集約されており、最初に下半身に刺激を与えることは、身体全体を温めて動かせる準備をする効果もあるのだ。そこから、上半身のパワーを発揮するのに必要な体幹を締め、しっかりと身体を安定させられるようにしてから、上半身を鍛えていく。この順番を守ることは、故障を予防することにもつながるので、ぜひ守ってもらいたい。

また、今回のトレーニングは自重負荷で行うものなので、負荷はそれほど高くない。しかし、脚の動き、股関節の使い方、腕の動かし方など、細かい部分をしっかりと意識してゆっくりと正確に動かすことで、とても効果的なトレーニングになる。最終的には、泳ぎに生かせる身体を作り上げることが目的。負荷が強ければ良いトレーニングなる、というわけではないことも忘れないようにしよう。

ライオンプッシュアップ（クロール・バタフライに効果的）

ハンド・トゥーの状態から（①）、一度インチワームのように腰を高く持ち上げる（②）。そこから、上半身から地面をなめるような動きで脇を締めながら腕を曲げていき（③）、地面すれすれで身体を真っすぐにしたら（④）、骨盤を床に押しつけるようにしながら、ヒジを伸ばして身体を起こしていく（⑤→⑥）。プッシュ動作で水を押すイメージを持ち、ヒジを伸ばしていくこと。腹筋をストレッチするくらいのつもりで、体幹を安定させて背中を反るようにしよう。手と手の間に身体を通すようなイメージで、身体は地面スレスレで動作することがポイントだ。

ねらい

故障予防のために身体のケアを学ぶ1

Menu 066 セルフストレッチ1

難易度	★★★☆☆
時　間	10～20分

» 得られる効果

- ストローク
- キック
- 呼吸
- **フィジカル**
- ターン&タッチ
- スタート
- 泳ぎ上がり

やり方

1. キャット＆ドッグで背骨の柔軟性を高める。息を吐きながら背中を丸め、息を吸いながら背中を反る。呼吸をコントロールしながら往復動作を 10 ～ 20 回行おう
2. うつ伏せツイストストレッチで体幹を捻って伸ばす。捻ったところで、30 秒程度止めてじっくりとストレッチする
3. ヒップローテーションストレッチで、胸椎の可動性と柔軟性を高める。息を吐きながら左右交互に倒す運動を 10 ～ 20 回を目安に。
4. 股関節ローテーションで、股関節の可動性と柔軟性を高めながら、内転筋にストレッチをかけていく。左右交互に動かし 10 ～ 20 回を目安に。

キャット&ドッグ

四つん這いの状態から、みぞおちを持ち上げるようにして背中を丸める。そこから、顔は斜め上を見るようにして背中を反らせ、体幹の前面部を伸ばす。丸める動作、反らせる動作ともに、10 秒くらいかけてゆっくり動かし、伸ばしたところで少しだけ静止する。丸めたときは、背中から肩甲骨周りを伸ばすイメージ、反らせたときはお腹から胸にかけてをしっかり伸ばすイメージを持とう。背中を丸めるときに息を吐き、背中を反るときに息を吸うようにして呼吸もコントロールして行うようにする。

うつ伏せツイストストレッチ

うつぶせの状態から、左脚を右側に持っていって体幹部分を捻ってストレッチする。反対側も同じようにして行おう。たとえば左脚を動かしているなら、左側の体側、お腹の左側がしっかりと伸びるように意識して行おう。あまり強く捻り過ぎると腰に負担がかかってしまうので、痛くないところでじっくりと行うのがポイントだ。

ヒップローテーションストレッチ

仰向けの状態でヒザを曲げて、そのヒザを左右に倒す。ヒザを左に倒したとき、右の肩が持ち上がらないように気をつけて行おう。胸椎が捻転する動きを意識して、左右に交互に脚を倒し、背骨の動きに柔軟性がでるように行っていく。

股関節ローテーション

ヒップローテーションストレッチと同じ姿勢で、少し脚を開いた状態からスタート。ヒザを左右に倒して、股関節が捻転する動きを感じながら股関節の可動性を出していく。脚を倒したときに、内転筋が伸びるようにストレッチをかけながら、左右交互にゆっくりと動かしていこう。

陸上トレーニング

ねらい

故障予防のために身体のケアを学ぶ2

難易度	★★★☆☆
時　間	10～20分

» 得られる効果

ストローク
キック
呼吸
フィジカル
ターン&タッチ
スタート
浮き上がり

Menu 067 セルフストレッチ2

やり方

1. 内転筋＆股関節ストレッチで、片脚ずつ内転筋と股関節を同時にゆっくりと伸ばす。伸ばしたところで、30 秒程度保持して行う
2. ハムストリングスストレッチで、脚の裏側全体をしっかり伸ばす。これも伸ばした状態で 30 秒程度保持しておく
3. グルートストレッチの引き寄せバージョンで、臀部を伸ばす。ヒザを抱えた状態で 30 秒程度保持して行う
4. グルートストレッチの四の字バージョンで、臀部に加えて股関節にも刺激が入るようにしてストレッチする。こちらも伸ばした状態で 30 秒程度保持しよう

内転筋&股関節ストレッチ

仰向けの状態から、片脚のヒザの上にもう片ほうのくるぶしを乗せ、その脚の重さでヒザを倒して内転筋と股関節をストレッチする。股関節ローテーションはムービングストレッチだが、こちらは静止させてストレッチさせる。伸ばしているほうの肩が持ち上がらない程度に行うのがポイント。

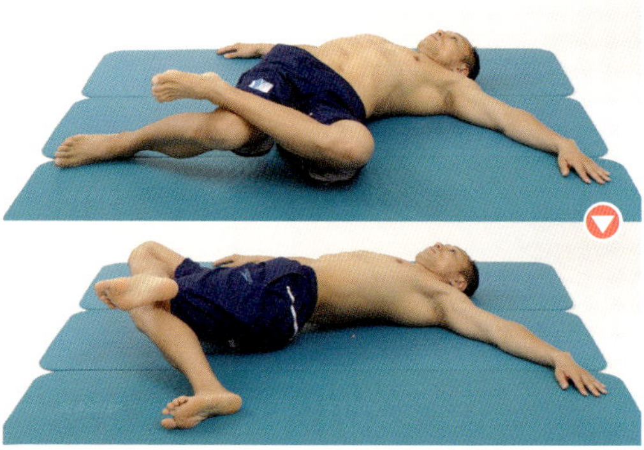

ハムストリングスストレッチ

ヒザ立ちの状態から、片ほうの脚を前に伸ばして、その足先を掴むようにしてハムストリングスを伸ばす。左右同じ時間だけ行おう。座るのではなく、ヒザ立ちで行うことで、ハムストリングスを含めた足の裏全体から、臀部までを伸ばすことができる。バランスを崩さないように気をつけて行おう。

◀ヒザ立ちの状態でバランスを崩してしまうなら、仰向けで寝た状態から、タオルを使って片脚を持ち上げてハムストリングスをストレッチする方法もある

Extra

ストレッチ中に呼吸は止めないようにしよう

ストレッチ中はゆっくりと深呼吸するように、呼吸を止めることなく行おう。伸ばすことや姿勢ばかりを気にしていると、呼吸が止まってしまうことがある。もちろん、伸ばす部位を意識することは大切だが、それ以上に呼吸を止めないことはストレッチの基本だ。

呼吸ができなくなるほど、強くストレッチをしてしまうと、ケアとしての効果はなくなる。ストレッチは、気持ち良く、ターゲットの部位が伸びていることを感じとりながら、ゆっくり、じっくりと行おう。

グルート（臀部）ストレッチ 引き寄せバージョン

長座の姿勢で、片足を逆側の脚の横へ持っていき、ヒザを胸に抱えるようにして両腕で引き寄せる。引き寄せた脚側の臀部が伸びていることを確認しながら行おう。ストレッチ中は背中が丸まらないように注意して、背筋を真っすぐにして、しっかり脚を身体のほうへ引き寄せるようにしよう。

グルートストレッチ 四の字バージョン

ヒザを立てた状態で座り、片ほうの足首をもう片ほうの脚のヒザあたりに乗せて、4の字をつくり臀部をストレッチしていく。臀筋群の中でも引き寄せストレッチとはまた違う部分が伸びる。引き寄せのストレッチと同様に、動作中の姿勢に注意して行おう。脚と身体の距離を調節することで、ストレッチの強度も調整できるので、自分の柔軟性に合わせて取り組むようにしよう。

陸上トレーニング

ねらい

故障予防のために身体のケアを学ぶ3

Menu 068 セルフストレッチ3

難易度	★★★★★
時　間	10〜20分

» 得られる効果

ストローク
キック
呼吸
フィジカル
ターン&タッチ
スタート
浮き上がり

やり方

1 大腿四頭筋ストレッチで、太ももの前面から腸腰筋などの股関節前面周辺までをストレッチする。30 秒程度保持が目安

2 胸郭&腸腰筋ストレッチで、脚から体幹まで全体を一度に伸ばし、身体の動きを連動させるようにしてストレッチする。左右それぞれ30 秒程度の保持が目安

3 腸腰筋&大腿四頭筋ストレッチで、脚の前面全体を伸ばす。身体のバランスが崩れないように、自分の柔軟性に合わせて負荷を調節して左右それぞれ 30 秒程度保持して行う

4 広背筋&上腕三頭筋ストレッチで、身体の背面部分をストレッチする。左右それぞれ 30 秒程度ずつ保持して行おう

大腿四頭筋ストレッチ

横向きで寝た状態から、上側にある脚を曲げ、後ろで足首を持って大腿四頭筋をストレッチする。背中が反らないように、また身体が前後に倒れないように気をつけて行おう。もし柔軟性が高い場合は、身体を反らせるのではなく、ストレッチしているほうの脚のヒザを少し斜め後ろに向けるようにして引っ張る。もちろん、身体を反らせないように。

胸郭&腸腰筋ストレッチ

脚を前後に開き、前の脚はヒザが 90 度になるように曲げる。後ろに引いている脚のほうの体側を伸ばすように、身体を斜めに反らせて腸腰筋から体側、そして胸郭をストレッチする。ヒザの上から股関節の前側（腸腰筋）、体側に胸郭まで、総合的にストレッチできるので非常に効果的な方法だ。特に胸郭部分は、呼吸や姿勢に関わってくる部位なので、しっかりとストレッチでのケアに加え、柔軟性も高めておこう。

柔軟とストレッチは違う 目的を取り違えないように気をつけよう

筋肉は疲れが溜まると収縮をした状態で固まり、筋肉内の血流が悪くなって疲労物質が抜けなくなる。そこで、ストレッチで収縮した筋肉をほぐすように伸ばし、血流を良くして疲れを取り除く。だから、ストレッチは痛みを感じるまできつくするのではなく、ゆっくり、じっくり、ほどよく気持ちよさを感じるところで丁寧に伸ばすことが大切。

一方、柔軟は関節の可動域を広げるためのトレーニングとも言えるもの。筋肉を伸ばし、疲れを取り除くのが目的のストレッチとは全く意味が異なり、目的も違うので混同させないようにしよう。

腸腰筋＆大腿四頭筋ストレッチ

脚を前後に開き、前脚のヒザは90度に。右脚が後ろなら左手で、左脚が後ろなら右手で後ろの足首を持って引っ張り、大腿四頭筋から腸腰筋が伸びるようにストレッチする。腸腰筋に加えて、大腿四頭筋に強いストレッチがかかるので、自分の柔軟性と相談して、引っ張る強さを調節して行おう。

広背筋＆上半三頭筋ストレッチ

ヒザ立ちの状態から、片ほうのヒジを地面につけ、その腕のほうに体重を乗せて広背筋から上腕三頭筋をストレッチする。上腕三頭筋だけではなく、脇の下から肩甲骨のあたりまでが伸びるように調節する。ヒジの角度を調節することで、上腕三頭筋にかかるストレッチの強さを調節できる。

陸上トレーニング

ねらい

故障予防のために身体のケアを学ぶ4

難易度	★★★☆☆
時　間	10～20分

» 得られる効果

- ストローク
- キック
- 呼吸
- **フィジカル**
- ターン&タッチ
- スタート
- 浮き上がり

Menu 069 セルフストレッチ4

やり方

1. 肩甲帯&三角筋ストレッチで、肩甲骨周辺の筋肉、肩の三角筋をしっかりと伸ばす。それぞれ約 30 秒程度保持して行う
2. 三角筋ストレッチで、ケアを忘れてしまいやすい肩の後ろ側をしっかりと伸ばす。30 秒程度の保持が目安
3. 足首ストレッチで、伸ばしたり回転させたりして、こちらもケアを忘れがちな足首をしっかりとストレッチする。ヒザ上げの方法は 30 程度の保持、回しは時計回り、反時計回り両方バランス良く、10 回ずつを目安に

肩甲帯&三角筋ストレッチ

うつ伏せの状態になり、腕を床と胸の間に挟むようにして三角筋と肩甲骨周辺の筋群をストレッチする。ストレッチしている側の脚(股関節とヒザ)を曲げることで、よりストレッチ効果が高まる。ストレッチしている腕の三角筋全体と肩甲骨周辺が伸びている感覚を感じながら行なおう。身体の下にある腕の位置を斜めに上げたり、下げたりすることで、同じ部位でも違う刺激でストレッチができる。

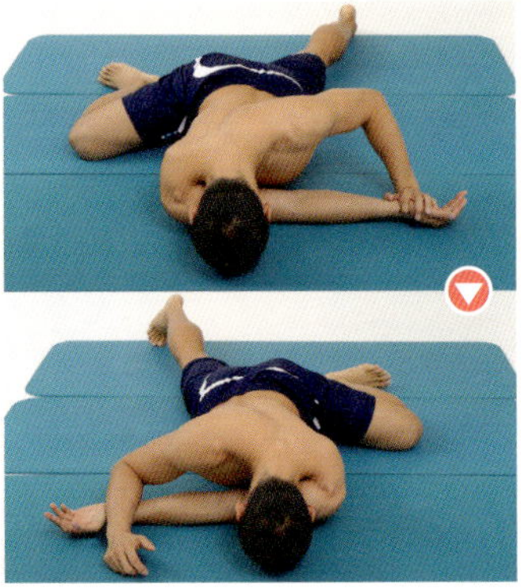

肩甲帯&三角筋ストレッチの両腕バージョン

うつ伏せに寝た状態で、両腕を胸の前で交差させるようにして三角筋と肩甲帯をストレッチする。両腕を交差させるので、片腕ずつ行うよりも特に肩甲骨の内側をしっかりと伸ばすことができる。注意したいのは、右腕が上、左腕が下で交差させていたら、左右の腕を入れかえて、バランスよく行うこと。

特に下半身と身体の背面をしっかりケアしよう

身体のなかで疲れが溜まりやすいのは、下半身。脚の裏側である臀部からハムストリングスにかけては、特に疲れが溜まりやすく、気づかずケアを怠っていると腰痛につながってしまうこともある。身体の前面にある筋肉は、使った感じもわかりやすく、疲労も感じ取りやすい。そのため、こまめにケアをするのだが、身体の裏側は疲れを感じとりにくく、ケアが遅れてしまうことも多い。今回も、紹介したストレッチは下半身のストレッチが多く、上半身は肩甲帯を伸ばすものを多く紹介した。背中、臀部、ハムストリングスの３カ所は、意識してストレッチをこまめに行い、ケアを怠らないように気をつけよう。

三角筋ストレッチ

腰に手の甲を当てて置き、そのヒジを反対側の手で身体の方向に向かって引き寄せていく。三角筋の後部を中心にストレッチする方法だ。あまり強く引きすぎると、肩関節への負担が大きくなるので、痛みを感じる一歩手前で、じっくりと伸ばしていこう。

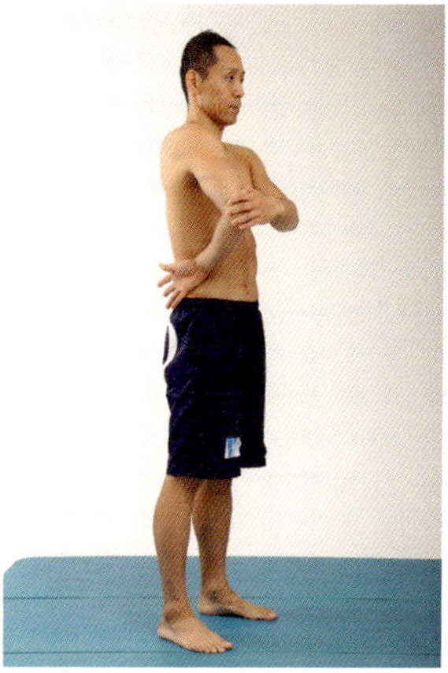

足首ストレッチ（ヒザ上げ・回し）

正座をした状態から、後ろ手で身体を支えながらヒザを持ち上げ、足首を伸ばすストレッチ。体重を乗せて行うので、自分の足首の柔軟性に合わせて、ヒザを持ち上げる角度は調節しよう。あまり強くやり過ぎると故障につながるので、軽く、気持ちよい程度に伸びていることを感じられる程度がおすすめ。
回しバージョンは、長座の姿勢から脚を組み、左足首を回すなら右手で、右足首を回すなら左手で足先を持ってぐるぐると回す。大切なポイントは、足先を持つとき、足の指と手の指を絡ませるようにして持つこと。こうすると、足先全体の筋肉をほぐすことにつながり、キックの疲れを効果的にとることができる。

難易度	★★★☆☆
時　間	30分

» 得られる効果

ストローク
キック
呼吸
フィジカル
ターン&タッチ
スタート
浮き上がり

ねらい

レベルアップをするために ウエイトトレーニングを取り入れよう

Menu 070 ウエイトトレーニングの取り入れ方を学ぶ

スポーツ動作の原動力として働く大筋群を動員したウエイトトレーニングを取り入れ、コアをより強化していこう

ウエイトトレーニングはアスリートの身体や体力の基盤を養成するトレーニングだ。競技パフォーマンスへの直接的な効果としては、競技に必要な身体づくりや、スポーツ動作の筋力やパワーの向上などが代表的だが、その他、効率よく力を発揮する動作の習得や、姿勢支持能力の改善など、さまざまな効果が期待できる。また、関節の安定性や柔軟性の改善、バランス能力の獲得、身体に負担の少ない動作の習得など、障害予防にも効果をもたらす。

大学生になると当たり前のように取り組むウエイトトレーニング。その基礎となる姿勢や動作を高校生のうちに学習をして、正しいフォームを身につけておくことで、急激なトレーニング量の増加による、故障や怪我のリスクを減らすことができるだろう。また、高校生のうちに器具の安全な取り扱い方や補助方法、ウエイトルームのマナーやルールを学び理解させることも、トレーニングを行なう目的のひとつだ。

上半身の代表的なエクササイズのベンチプレス

ベンチプレスは上半身の最も代表的なトレーニング。ベンチプレスでは、大胸筋・三角筋前部・上腕三頭筋の筋肉が主に動員され、上半身のパワーアップはもちろん、コアの強化にもなる。仰向けになり、肩の真上にシャフトを持ち上げ、胸骨の中央にシャフトを下ろしてくる。重りをしっかりと身体と腕に（前腕が床と垂直になるように）乗せて、ゆっくりとコントロールすることを心掛けよう。シャフトを握る位置は、重りを下ろしたときにヒジの角度が 90 度になるところを目安にする。胸に軽く触れるところまで下ろしたら、同じ軌道でゆっくりと重りを持ち上げて、元の姿勢に戻る。呼吸は下ろすときに吸い、上げるときに吐き出す。

まずはシャフトだけでフォームチェックをして重りに慣れるところから始めよう。フォームが安定してきたら、高校生男子で体重の 60%、女子で 35%を目安にして、フォーム重視でゆっくりと 10 回ほど反復ができると良いだろう。

下肢から上肢へパワーを伝達する能力を向上させるデッドリフト

スクワットと同様に、主要な大筋群となる大腿部、臀部、腰背部の強化に効果的。特にハムストリングスから臀部、背筋への刺激が大きく、姿勢を保持するための脊柱起立筋や、ストロークの強さを生む広背筋の向上にも役立つ。
スクワットと同じようにスタンスをとり、立位でシャフトを手で持って腰の前に構える。そこから背面が丸まらないように体幹に力を入れ、股関節を屈曲させながら上体を前へ屈めていく。その流れでヒザを曲げ、シャフトを大腿部に擦らせるように、ヒザ下辺りまで重りを下げる。その姿勢ができたら、ヒザと股関節を伸展させていき、元の立位の姿勢へ戻っていく。このときに背筋で重りを引き切るように意識すると良い。足の裏全体に体重を乗せて行なおう。
まずはシャフトだけでフォームチェックをして重りに慣れるところから始めよう。フォームが安定してきたら、高校生男子で体重の80%、女子で60%を目安にして、フォーム重視でゆっくりと10回ほど反復ができると良いだろう。

下半身強化の代表的なエクササイズのスワット

下半身の代表的なトレーニングと言えばスクワット。大腿部、臀部、腰背部の筋力強化に効果的だ。スクワットは特にスポーツ動作中に姿勢を維持する能力の改善や、脚力やジャンプ力、さまざまな方向へ重心を移動する能力を向上させるために役立つ。スタートやターン動作の向上や、同じ姿勢を維持して泳ぐコアの安定性を高めるためには重要なエクササイズ。
足の幅は肩から腰の幅くらいに開き、シャフト（バー）を肩に担いで、大腿部が床と並行になるくらいのところまで腰を後ろへ引きながら下ろしていく。このときにヒザがつま先よりも前に出過ぎないように注意しよう。また、背中が丸まらないように背筋と腹筋で支えて、足の裏全体に体重を乗せるように意識する。
まずはシャフトだけでフォームチェックをして重りに慣れるところから始めよう。フォームが安定してきたら、高校生男子で体重の80%、女子で60%を目安にして、フォーム重視でゆっくりと10回ほど反復ができると良いだろう。

Extra

水泳に効くエクササイズの代表と言えば懸垂

ウエイトトレーニングとは違い重りは持ち上げない自重負荷のトレーニングだが、高い負荷を広背筋や上腕三頭筋に与えることができ、ストロークの強化には手軽で最適なトレーニングになる。自分の身体をコントロールするという意味では、泳いでいるときと同じ。体幹部をしっかりと安定させて、動作を行うようにしよう。ゆっくりとコントロールして筋力を高める方法や、あえて反動をつけて動作を行うことで、瞬発的な要素にも刺激を与えることもできる。筋力が足りずに身体を持ち上げられない場合は、パートナーに足を支えてもらい挙上をアシストしてもらいながら行おう、逆に10回以上連続でできるようになってきたら、腰に重りをつけて負荷を高めて行うこともできる。

COLUMN

ダイナミックウォームアップは一連の流れで行おう

体幹＆補強＆体幹トレーニングやストレッチと同様に紹介してきたダイナミックウォームアップは、１～４（p134～141）の順番で一連の流れとして行う。これはトレーニングではなく、日々の練習やレースに臨む前の準備運動ということを覚えておこう。

ウォーミングアップは、水中だけで行うものではない。日々の練習やレースで、最高のパフォーマンスをするための準備に行うもの。それは、泳ぐことだけではなく、陸上で作り上げることもできる。泳ぐ前に陸上で関節の可動域を広げたり、筋温を上昇させたりすることで、水中での身体の動きや水の感覚を、より良くさせてくれるし、故障の予防にもなるのだ。また、レース会場ではウォームアッププールが混雑して、アップ練習が十分にできないことも少なくない。そんなときに、陸上でも身体の準備を整えることができれば、泳げないプールで逆に身体を冷やし、パフォーマンスを落とすこともなくなるだろう。

レース前には、ダイナミックウォームアップに加え、数種目の体幹トレーニングを行い、筋肉に高めの負荷を少し与えておくと、筋や神経の反応が良くなり力を発揮しやすくなる。ただ、これをいきなり試合会場で行っても意味がない。日常の練習の前に、しっかり筋力トレーニングに取り組んでおくことで、試合会場でその効果を高めることができる。

練習やレース前の僅かな時間でもできる準備運動や筋力トレーニングを軽視せず、日々のトレーニング前のルーティンに組み込んで、日常化していくことをおすすめしたい。

第 8 章

トレーニングスケジュール

年間を通して同じような強度で練習をするよりも、
自分がターゲットとする大会に合わせて強度を変化させ、
トレーニングメニューを組み立てるほうが、効果的に泳力を
身につけることができます。目標とする大会で最高のパフォーマンスが
できるような、トレーニングスケジュールの組み立て方を覚えましょう。

ねらい

年間で大きなスケジュールを組み計画的に強化しよう

Menu 071 年間スケジュールの組み方を学ぶ

準備期・鍛錬期・スピード期・レース期 4つの期を使い分けて強化しよう

強化スケジュールを組むうえで大切なポイントは、自分が最高のパフォーマンスを発揮したい大会から逆算して考えること。ターゲットとする大会から逆算して、いつから調整（テーパー）を行えば良いのか、いつまでにスピード強化を行うのか、そしていつまでなら体力のベースアップをさせる厳しい強化トレーニングを行うことができるのか。これらをひとつずつ、パズルのように組み立てていくのが強化スケジュールの作り方だ。

パズルのピースとなるのが、大きく分けて準備期・鍛錬期・スピード期・レース期の４つ。基本的には、これら４つの期を使いこなすことが年間スケジュールのポイントだが、ここ最近は期によって極端に練習内容を変えることなく、高強度トレーニングをメインに行い、あまり距離を泳ぎ込むようなトレーニングは少なくなってきている。泳ぎ込みのように練習量が多くなくても、高強度で質の高いトレーニングであれば、持久力が養われることは学術的に証明されているからだ。

とはいえ、基礎となる泳力や体力があるから、高強度トレーニングで持久力が養えるのであって、その基礎が足りていないのであれば、しっかりと距離を泳ぐ練習も必要になる。

また、どの期でも守ってもらいたいのが『レースで泳ぐフォーム』で練習すること。大会で最高のパフォーマンスをするためには、練習をこなしきれる『練習用』の泳ぎ方をするのではなく、最高のパフォーマンスができる泳ぎ方で練習しなければ、本当の『レース用』の泳ぎは身につかないのだ。

自分の泳力と体力を冷静に見極めたうえで、トレーニングの内容を考えていく。そして、必ず『レース用』の泳ぎで練習をする。これらがトレーニングスケジュールを組み立てる最も大切な要素であることは、忘れないようにしておこう。

年間スケジュールの例

準備期の区間　9月～11月

主な水泳の大会は７～９月に行われる。最後の大会が終了し、少しオフの期間を入れるのがオーソドックスなスケジュールの基本。そのオフ明けから、約２カ月間を準備期として、ウエイトトレーニングなどの陸上トレーニングで、身体能力を向上させることに時間をかけたい。水中練習ではドリルを多めに行い、前シーズンで見つけた技術的な課題の改善に取り組む。短い距離のスプリントなどで神経系に刺激を入れておくことも忘れずに。故障しないための身体づくり、泳ぎづくりが大きな目的となる。

鍛錬期の区間　11月～3月

いわゆる『冬場の泳ぎ込み』の時期にあたるのが、鍛錬期。距離、強度ともにもっともハードなトレーニングを行う期間になる。練習をこなすことはもちろんだが、鍛錬期で忘れてはいけないのが、身体のケア。練習後にストレッチを行ったり、家でセルフマッサージを行ったりして、その日の疲れはなるべくその日のうちに取り除くように努力しよう。それでも疲れが抜けない場合は、トレーナーのところでケアを受けるのもひとつの方法。また、思い切って１日休むのも良い。だらだらと70%程度しか練習の内容をこなせないのであれば、１日休んで身体をリフレッシュさせ、身体も気持ちも新たに次の日から100パーセント、練習に取り組んだほうが効果的だ。
また、厳しいトレーニングを耐え抜くためにも、食事にも気をつけたい。食べすぎは良くないが、必要な栄養素を考え、バランスよくしっかりと食事を取ることが、鍛錬期の練習をこなすうえでも大切なポイントになる。

スピード期の区間　3月～6月

鍛錬期で十分に強度の高いトレーニングをこなしきっていれば、高い体力のベースができあがっているはず。その体力のベースを元に、泳速を上げていくトレーニングが基本になる。スピード練習ばかりでは、せっかく向上させた持久的能力が落ちてしまうので、１週間に２回程度はスピード持久力をメインとした高強度トレーニングを行い、距離を多めに泳ぐ有酸素トレーニングも３日に１回程度の割合で取り入れていこう。

レース期　6月～8月

ターゲットとする大会に向けてしっかりと疲れを抜きながら、泳ぎの確認やスピードを上げていくテーパーを含んだ期間が、レース期。練習のボリュームはかなり落ちてくるが、しっかりとスピードを出して心肺機能や神経系に刺激が入るようにする。３日に１回程度は有酸素トレーニングを取り入れて、持久力のベースが落ちないようにすることを忘れずに。スタートやターンなどの精度を上げることもタイム短縮には欠かせない。身体と心の調子を整えながら、大会に向けて準備していこう。

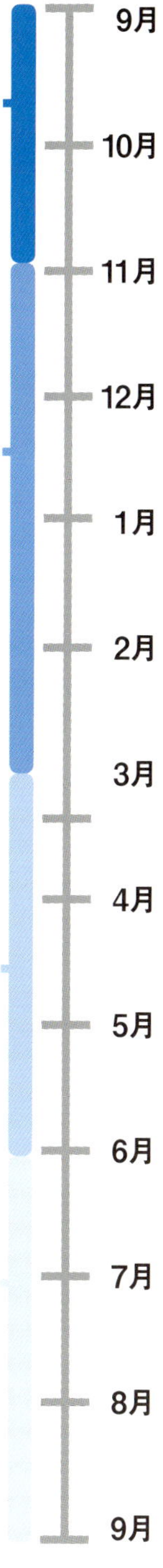

ねらい

4つの期における トレーニングメニューの組み立て方を学ぶ

Menu 072 時期に合わせた トレーニングメニューの例

準備期のトレーニングメニュー例

オフ明けの準備期は、冬場から始まる鍛錬期に向け、身体やテクニックの準備を行う期間。また、オフでなまった身体に刺激を入れ直し、運動するための身体を取り戻す期間でもある。テクニックの確認をしっかり、何度も繰り返し行っておこう。内容としては、ドリルを中心に組み立てて、短い距離のスプリントを入れるのがお勧め。週に2回は低強度の有酸素トレーニング（長距離）も入れよう。4種目まんべんなく泳ぐのも良い。

	本数	距離	サイクル	内容	種目
①	16 ×	50m	1 分	奇数：Drill　偶数：Swim	4t/IM

補足：奇数の Drill は修正したい部分のドリルを中心に行う。偶数は、そのドリルを生かしたコンビネーションで泳ぐ。

	本数	距離	サイクル	内容	種目
②	10 ×	25m	1 分	奇数：Drill Speed　偶数：Swim Sprint	S1

補足：奇数の Drill Speed はスピードを上げてドリルを行う。偶数の Swim Sprint は、スイムでスピードを上げて行う。

	本数	距離	サイクル	内容	種目
③	8 ×	200m	3 分 30 秒	奇数：Drill-Swim/25m　偶数：Swim	IM

補足：奇数の Drill-Swim/25mは 25mずつドリルとコンビネーションで泳ぎ、200m個人メドレーを泳ぐ。偶数はドリルを生かしたコンビネーションで泳ぐ。

鍛錬期のトレーニングメニュー例

いわゆる泳ぎ込みにあたるこの時期は、1年間でもっとも練習量、質ともに高い、高強度のトレーニングが続く。練習量の多いトレーニングで基礎体力をアップさせたり、質の高い練習で泳速ベースをアップさせたりする。ただ泳ぐだけになってしまっては、レースに生きる練習にはならない。どれだけ厳しい練習だとしても、ストロークやキックといったテクニックをおろそかにしないことが、この鍛錬期の大きなポイントだ。また、疲れも溜まりやすいのでストレッチなどのケアも忘れずに。

	本数	距離	サイクル	内容	種目
①	20 ×	50m	1 分 10 秒	Hard	S1

補足：Hard は、最大努力で泳ぐ。

	本数	距離	サイクル	内容	種目
②	12 ×	200m	2 分 40 秒～ 3 分 20 秒	奇数：AT Pace ／偶数：Hard	S1

補足：奇数の AT レベルは、約 70 ～ 80%のスピードで泳ぐ。偶数の Hard は最大努力で泳ぐ。

	本数	距離	サイクル	内容	種目
③	5 ×	400m	6 分	AT Pace	Fr

補足：ATレベルは、約 70%～ 80%のスピードで泳ぐ。

≫ 練習メニュー内容用語説明

- t：本数を表す。time。
- R：セット数を表す。基本的に{}でくくったなかの練習を繰り返す。

Fr：クロール　Ba：背泳ぎ
Br：平泳ぎ　Fly：バタフライ
IM：個人メドレー
4t/IM：1～4本目がバタフライ、5～8本目が背泳ぎ、9～12本目が平泳ぎ、13～16本目がクロールで泳ぐ、というように、4本ずつ個人メドレーの順番で泳ぐ。2t/IMなら、2本ずつ個人メドレーの順番で泳ぐ、ということ。
Drill：ドリル
Forming：フォームに注意して泳ぐこと
Swim：コンビネーションで泳ぐこと
Kick：キックで泳ぐこと　Pull：プルで泳ぐこと
Sprint：短い距離を全力で泳ぐこと
Speed：スピードを上げて泳ぐこと
Hard：最大努力で泳ぐこと
AT：エアロビックレベルで泳ぐこと（最大スピードの約70～80%、心拍数27回前後（10秒間）が目安）
Race Pace：レースを想定したペースで泳ぐこと
DES：ディセンディング。本数や距離ごとにスピードを上げていく。（例：4t×50m DESなら、1本目より2本目、2本目より3本目、3本目より4本目のスピードを上げて泳ぐ）
Build up：ビルドアップ。距離のなかでスピードを上げていく。（例：50m Build upなら、50mのなかで徐々にスピードを上げる）
High Average：高いレベル（最大努力）のスピードを維持して泳ぐ。
From dive：飛び込みスタートから泳ぐ
Push Off：水中からスタートして泳ぐ

スピード期のトレーニングメニュー例

徐々に大会が始まるこの時期は、鍛錬期よりも練習量は落としても良いが、そのかわりレーススピードで泳ぐ練習を多めに行おう。少しずつ、レースで結果を出すためのスピードを出していく時期となる。ただし、レーススピードの練習ばかりだと、有酸素能力が落ちる可能性があるので、3日に1回は、持久的なトレーニングで練習量を確保して体力の維持に努めよう。

<table>
<tr><th></th><th>本数</th><th>距離</th><th>サイクル</th><th>内容</th><th>種目</th><th>セット数</th></tr>
<tr><td>①</td><td>4 ×</td><td>25m</td><td>40 秒～ 1 分</td><td>奇数セット：Sprint Kick ／
偶数セット：Sprint swim from dive</td><td>S1</td><td>8R</td></tr>
<tr><td colspan="7">補足：奇数セットの Sprint Kickはキックでスピードを上げて泳ぐ。偶数セットの Sprint swim from diveは、飛び込みスタートからコンビネーションでスピードを上げて泳ぐ。</td></tr>
<tr><td>②</td><td>4 ×</td><td>50m</td><td>1 分 30 秒</td><td>奇数セット：DES/ 偶数セット：High Average</td><td>S1</td><td>5R</td></tr>
<tr><td colspan="7">補足：奇数セットの DES（ディセンディング）は、1本ずつタイムを上げていき、4本目は最大努力で泳ぐ。偶数セットの High Averageは、4本全てを最大努力で泳ぐ。</td></tr>
<tr><td>③</td><td>12 ×</td><td>75m</td><td>1 分 40 秒～ 2 分</td><td>奇数：DES/25m/ 偶数：Hard</td><td>S1</td><td>—</td></tr>
<tr><td colspan="7">補足：奇数の DES/25mは 25m毎にスピードを上げて泳ぐ。偶数の Hardは最大努力で泳ぐ。</td></tr>
</table>

レース期のトレーニングメニュー例

基本はスピード期と同じだが、1年間で最高の目標としている大会に向けて疲れを取って体調を整えていく時期だと考えよう。目標とする大会の約3週間前から徐々に練習量を落として身体の疲れをとっていきながら、レーススピードで泳ぐ練習で身体に刺激を入れ、レースに向けた準備をする。スタートやターン、ゴールタッチなどの壁際テクニックのチェックも忘れずに。この時期に気持ちも整えていき、レースに向けて集中力を高めていこう。

<table>
<tr><th></th><th>本数</th><th>距離</th><th>サイクル</th><th>内容</th><th>種目</th><th>セット数</th></tr>
<tr><td rowspan="2">①</td><td>2×</td><td>25m</td><td>1分</td><td>奇数：Sprint from dive/偶数：Drill</td><td>S1</td><td rowspan="2">8R</td></tr>
<tr><td>1×</td><td>50m</td><td>2分</td><td>Race Pace</td><td>S1</td></tr>
<tr><td colspan="7">補足：奇数の Sprint from dive は、飛び込みからスピードを上げて泳ぐ。偶数は修正したい部分のドリルを中心に行う。Race Paceは、レースを想定したスピードで泳ぐ。</td></tr>
<tr><td>②</td><td>2×</td><td>50m</td><td>1分 30秒</td><td>100m Race Pace 奇数：From dive/
偶数：Push Off　1セット 15分</td><td>S1</td><td>3R</td></tr>
<tr><td colspan="7">補足：100mRace Pace は 100m のレースを想定して泳ぐこと。そのために、1 本目は飛び込みから泳ぎ（From dive）、2 本目は下からスタート（Push Off）して泳ぐ。</td></tr>
<tr><td>③</td><td>8×</td><td>75m</td><td>1分 40秒</td><td>奇数：25Sprint from dive-50Forming ／偶数：DES/25m</td><td>S1</td><td>—</td></tr>
<tr><td colspan="7">補足：奇数の 25mSprint from dive-50Formingは、飛び込みから 25mまで全力、後半 50mはフォームチェックで泳ぐ。偶数の DESは、25mずつスピードを上げて泳ぐ。</td></tr>
</table>

原英晃のお悩み相談室

元200m自由形日本記録保持者であり、41歳の現在も日本選手権に出場し続け、日本のトップで戦い続けている原英晃コーチに、素朴な疑問をぶつけてみよう。

Q 独特なリズムで泳いでしまい、きれいなフォームで泳げません

A 水面の動作ではなく、水中の動作が正確であればOKです

水泳で目に見える部分は、リカバリー動作。リカバリーがきれいだと、泳ぎもきれいに見えますよね。ですが、本当に注意すべきは、水中で推進力を生むストロークができているかどうか。リカバリーの動きがちょっと変わっていたとしても、水中での動作で推進力を生み出していれば、泳ぎのリズムが独特だとしても、きちんとストロークとキックのタイミングが合っていれば良いのです。

お勧め練習法 ≫ Menu009 ／ Menu011 ／ Menu015

Q 陸上トレーニングは、水中の練習前と練習後、どちらのほうが良いのですか

A できれば練習前が理想です

陸上での体幹や補強トレーニングは、泳ぐ前に行うのが理想的です。ダイナミックウォームアップから、体幹＆補強トレーニングの流れで行いましょう。陸上で体幹などに刺激を入れてから泳ぐと、水中練習でも陸上で刺激を入れた部位を意識しやすくなるのです。もし練習前に行う時間があまりないときは、ダイナミックウォームアップと、体幹部に刺激を入れる種目を抜粋して行いましょう。

お勧め練習法 ≫ Menu062〜Menu011 ／ Menu057〜060

Q 手のひらで水を捉える、という感覚がどうしても分かりません

A スカーリングを繰り返し行ってみましょう

身体のいたるところで水を感じ取る能力が、水感と呼ばれる感覚です。特にストロークで水を捉えるのに、手のひらを中心とした腕全体の水感はとても大切。その感覚は、様々な角度、様々な種類のスカーリングを繰り返し行うことで養えます。どのように水が当たっているのか、どうすれば水を大きく捉えられるのか。そこに意識を集中させて行いましょう。

お勧め練習法 ≫ Menu009 ／ Menu021 ／ Menu025 ／ Menu035

Q クロールや背泳ぎで、どうしても下半身が沈んでしまいます

A 体幹を締めて前のめりの姿勢を意識すること キックをしっかり蹴り下ろすことを心がけましょう

クロールも背泳ぎでも、背中が反ると下半身が沈みやすくなります。ストローク中でも体幹を締めることが大きなポイントですが、キックを最後まで打ちきることでも下半身を浮かせられます。また、泳ぐときに少し上半身を沈めるように意識すると重心が前に行くので、下半身が沈みにくくなりますよ。

お勧め練習法 ≫ Menu013 ／ Menu029 ／ Menu031

Q スタートやターンで速く飛び出せません

A スタートの構え、ターンで蹴り出すときの姿勢を見直してみましょう

スタートの構え、ターンで足が壁についたときの姿勢を確認してみましょう。後ろ脚を強く蹴り、前に体重移動してから飛び出すクラウチングスタートは、後ろの脚のヒザが90度よりも深くなると、飛び出す反応が悪くなります。ターンで壁に足をついたときも、ヒザが90度の状態で、壁に対して身体が垂直になるようにしましょう。大切なのは、飛び出すことよりも、飛び出す前の姿勢なのです。

お勧め練習法 ≫ Menu040 ／ Menu044 ／ Menu050

CONCLUSION
おわりに

どんなスポーツも同じですが、テクニックとフィジカル、そしてメンタルを掛け合わせることでレベルアップしていきます。体力や筋力がどれだけ高くても、それを泳ぎに生かせるテクニックがなければ速く泳げません。しかし、体力がなければハードな練習を続けていくことはできませんし、スピードを出すにはやはり筋力が必要です。それぞれをバランスよく鍛えていくことで、泳力レベルをアップさせていくのです。

本書では、技術的な要素を中心に紹介してきました。その理由として、水泳は技術的要素が占める割合が大きいため、まずはテクニックのレベルアップが、自分のレベルを高める第一歩となるのです。そのテクニックを水中で生かすために、体幹を中心とした負荷の高い陸上トレーニングを活用していきます。

また、水泳は成長がわかりにくいスポーツでもあります。テクニックが向上しても、体力や筋力がついたとしても、劇的に記録が上がるわけではありません。毎日、繰り返しの練習でテクニックを身体に染みこませていきながら、試合でその成果を発揮するために体調を最高の状態に整えなければなりません。

水泳を長く続けていくと、どれだけ練習を積み重ねても記録が伸びなくなるときがあります。これは“停滞期”と言われるものです。しかし、記録が停滞するには、泳ぎのテクニック、フィジカルやメンタル、または練習方法など、それらのどこかに必ずその理由が存在しているはずです。様々な要素が組み合わさって結果を出せる水泳だからこそ、必ず停滞期を抜け出すきっかけがあります。焦らずにどこにその理由があるのかを探り、最善の方法を見つけ出すこと。そして、解決法を自分だけで考えるのではなく、仲間や指導者に相談してみるとよいでしょう。

流体力学的な要因がパフォーマンスの中心にある水泳だからこそ、体力の向上にだけに頼らずに、年齢を重ねても成長ができる競技だと言えます。そのことも生涯スポーツと言われるゆえんかもしれません。私も41歳になり、20代の頃のような体力はさすがになくなってきました(笑)。しかし、テクニックはその頃よりも向上していると強く感じていますし、トレーニング内容も昔とはまったく違う取り組み方をして、記録を維持・向上させ続けることができています。いつまで今のパフォーマンスを続けていけるのかは想像がつきませんが、できない理由を探さず、水と友人関係を続けながら、可能性がある限り挑戦していきたいと、今は思っています。

この書籍を手にとってくださった皆さんが、本書を活用することで自分の可能性を信じ、記録を伸ばし、水泳の新たな魅力を見つけ出してくれたらと願っています。

株式会社ヴィンチトーレ

原　英晃

SEIKO

監修　原　英晃　はら・ひであき

株式会社ヴィンチトーレ代表

日本体育協会認定水泳上級コーチ、NSPA公認パーソナルトレーナー、一般社団法人スポーツ人材育成協会理事。日本大学水泳部ストレングスアドバイザー。全国各地でスイムクリニックや研修会の講師を務め、ジュニアからマスターズスイマー、トップアスリートまで幅広く指導にあたり、水泳指導のみならず、身体のケアや補強運動、ウエイトトレーニングに至るまで、総合的な指導を行っている。200m自由形の元日本記録保持者という実力はそのまま、41歳となった今でも日本選手権に出場し続けている。マスターズ水泳では、35歳区分100m自由形・100mバタフライの2種目で世界記録を保持。1974年生まれ、静岡県出身。レッスンへのお問い合わせは、http://www.vincitore.jp/まで。

デザイン／有限会社ライトハウス
黄川田洋志、井上菜奈美、田中ひさえ、
今泉明香、藤本麻衣、岡村佳奈
写　　真／西川隼矢、福地和男
編　　集／田坂友暁、
佐久間一彦、木村雄大（ライトハウス）

差《さ》がつく練習法《れんしゅうほう》
水泳《すいえい》　実践的練習《じっせんてきれんしゅう》ドリル

2015年10月30日　第1版第1刷発行
2017年 5 月31日　第1版第3刷発行

監　　修／原《はら》　英晃《ひであき》

発 行 人／池田哲雄
発 行 所／株式会社ベースボール・マガジン社
〒103-8482
東京都中央区日本橋浜町 2-61-9　TIE 浜町ビル
電話　　03-5643-3930（販売部）
　　　　03-5643-3885（出版部）
振替口座　00180-6-46620
http://www.sportsclick.jp/
印刷・製本／広研印刷株式会社

ISBN978-4-583-10849-0 C2075